La violencia en la literatura y en el cine colombianos

GISELA VIVES

Biografía de Gisela Vives

Nació un 18 de diciembre en la heroica ciudad de Cartagena de Indias, en Colombia. Sus padres se instalaron en dicho puerto y allí gestaron una numerosa familia que aprendió a superar los retos que acarrea el pertenecer a dos culturas totalmente diferentes.

Desde muy pequeña supo que la música, las letras y el arte en general suscitaban en su ánimo ideas y sentimientos que le ayudaban a ser feliz.

A la edad de 17 años, se graduó en la Normal y empezó a ejercer como maestra de niños sordos; esta experiencia la invitó a viajar a Madrid, España, tierra de sus padres, iba en busca de mayores conocimientos que le permitirían desempeñarse con mayor eficacia. Se graduó en la Universidad Complutense de Madrid en 1981; allí adquirió el título de Licenciada en Filosofía y Letras y paralelamente a ello, se graduó en Educación Especial en el Centro de Pedagogía Terapéutica de Madrid. En aquellos años trabajó siempre con niños en diferentes áreas de la educación especial. En 1984 regresó a Colombia y fue catedrática universitaria al tiempo que dirigía un programa de educación especial en el departamento del Magdalena de su país natal Colombia. En 1988, llegó de visita a Estados Unidos, hermoso país, en el que tuvo la fortuna de conocer a su esposo el Dr. Jorge Vives con quien comparte su vida, y creó una hermosa familia de tres hijos: Eduardo, Natalia y Francisco, quienes son su único tesoro, y representan lo mejor que hay en su vida.

En 2008 empezó una maestría en Español y Literatura que terminó en junio del 2012 en el City College de la Ciudad de New York en donde ganó dos veces el primer lugar en el concurso de poesía que organiza el Departamento de Lenguas de dicha universidad; Los poemas galardonados fueron: *El favor del gallinazo* (2011) y *Poema póstumo de Leriano a Laureola* (2012).

Actualmente, presta sus servicios como terapista de niños de educación especial, también imparte clases privadas para enseñar a leer y escribir en español a niños hijos de inmigrantes en la comunidad hispana. En sus ratos libres se dedica a escribir poesía y ensayos.

GISELA VIVES

LA VIOLENCIA EN LA LITERATURA Y EN EL CINE COLOMBIANOS

Obsidiana Press

Dibujo de portada y dibujos interiores: Francisco Alejandro Vives

ISBN-13: 978-1519781529
ISBN-10: 1519781520

Library of Congress Control Number: 2016900935

Primera Edición: febrero de 2016

Obsidiana Press
10 Delaware Avenue,
Charleston, WV 25302

Tel.: 917-853-5095

www.obsidianapress.com

Correos electrónicos:
editor@obsidianapress.com
y obsidianapress@aol.com

Dedicatoria

Con amor eterno a mi esposo Jorge Vives
y a mis hijos:
Eduardo Rafael,
Natalia Paola
y Francisco Alejandro.

Con respeto y admiración a mis profesores
Dr. Ángel Estévez y al Dr. Carlos Riobó,
profesores del The City College of New York,
quienes donaron su hermoso y valioso tiempo,
revisando y guiando este trabajo de investigación.

A todos aquellos familiares y amigos
que confiaron en mí.

Contenido

tográficas en la forma en que abordan el tema de la violencia

Prólogo

Basado en un recuento histórico, político, social y económico de Colombia que va desde la "Época de la violencia" hasta nuestros días, este trabajo investigativo centra todo su enfoque en cómo la literatura, y el cine después reflejan el fenómeno de la violencia que viene azotando a este país por más de cinco décadas.

La forma en que las obras literarias *La mala hora, El coronel no tiene quien le escriba, La virgen de los sicarios, Rosario tijeras y La sierra* abordan el tema de la violencia en Colombia es el cuerpo de esta investigación que nos conducirá a grandes reflexiones y nos ubicará en un mejor plano de conocimiento frente a este flagelo.

Las conexiones entre guerrilla y narcotráfico es un material que aquí se expone, al igual que el aspecto religioso fetichista que rodea al sicariato y a esa subcultura del" matar para vivir".

A pesar que la violencia en Colombia vive extendida a lo largo de sus tres cordilleras y se baña en sus dos océanos, este trabajo da gran importancia a lo que en este aspecto se vive en las comunas de Medellín (Antioquia) por ser este departamento colombiano un lugar muy señalado y golpeado despiadadamente por todas las formas de la violencia.

Es Colombia un país precioso de mares y ríos de montes y valles, de cerros que tocan el cielo por el que vuelan pájaros de todos los colores, es una tierra fértil, tierra de promesa, tierra abnegada, tierra que acuno una gran mezcla de razas que enriquecen su cultura y la hacen ser una nación de amplias faces. Es así mismo Colombia una nación de la que duele contar su historia ya que allí se han acumulado muchas malas horas, donde hay muchos coroneles que no tienen quien les escriba y en donde muchas mujeres como Rosario Tijeras no tienen otra opción que matar encomendándose a la virgen de los sicarios.

Gisela Vives.

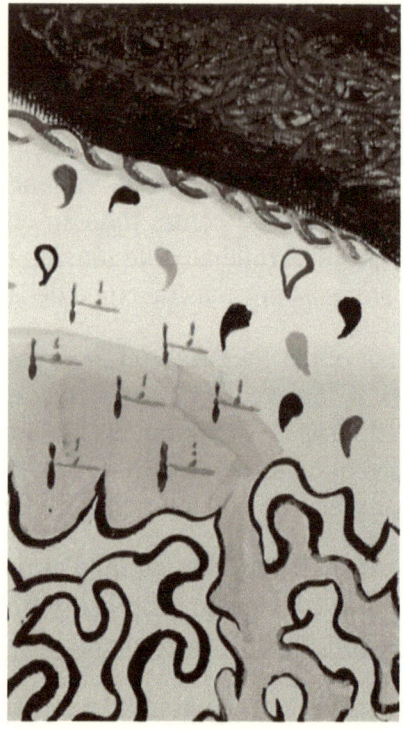

"Y las lágrimas de Si, en el pozo de los caídos han garantizado su fe. Él penetró más profundamente en la jungla, hasta que encontró el viejo claro de la otra vez, pero ahora los cuerpos se habían desaparecido, y la hierba alta cubría el área donde el hombre una vez estuvo tendido. Mientras el sol se ocultaba, Si no tuvo otra alternativa que hacer lo mismo. Él se recostó en la tupida grama y dejo que esta lo cubriera y se durmió esperando por el mañana que nunca vino."

Fragmento tomado del cuento inédito *Tomorrow*, escrito por Francisco Alejandro Vives en Abril del 2013.

I. Introducción

> *Y la muerte del pueblo fue como*
> *siempre ha sido:*
> *como si no muriera nadie, nada,*
> *como si fueran piedras las que caen*
> *sobre la tierra, o agua sobre el agua.*
> **Pablo Neruda**.

Para realizar un estudio del fenómeno de la violencia en Colombia desde la perspectiva del cine, partiendo de obras literarias, he fundamentado el desarrollo de este trabajo en la lectura de novelas de autores colombianos que acotan el tema de la violencia en diferentes momentos históricos, ambientales-geográficos y que hacen referencia a diferentes ámbitos y estratos sociales. Las obras que estudiaremos son: *La mala hora* y *El coronel no tiene quien le escriba* del conocido Premio Nobel Gabriel García Márquez, *La virgen de los sicarios* del escritor y dramaturgo Fernando Vallejo, y *Rosario Tijeras,* obra escrita por el ganador del Premio Internacional de Novela Dashiell Hammett, Jorge Franco.

Estas cuatro obras literarias, que tienen sus producciones cinematográficas homónimas, servirán para el marco histórico-político de la llamada "Época de la violencia" situada entre los años de 1940 y 1961. Al exponer este marco histórico, el propósito es tomar la realidad vivida por los colombianos en esa época y evidenciar cómo la literatura -y el cine después- han recogido el desarrollo de este proceso exponiéndolo masivamente al mundo. Por considerar *La sierra,* un filme de alta calidad reveladora, que muestra una violencia cruda pero verdadera, he cedido a este trabajo fílmico un espacio especial y único en la investigación.

Siguiendo el orden estructural de este trabajo, hablaremos de los aspectos sociológicos y los estudiaremos desde la familia, la religión y el lenguaje, denotando las características que dibujan una sociedad muy específica y sui generis. El cuerpo de esta tesis tendrá su sitio en esa relación que se establecerá entre el cine y la literatura de la violencia en Colombia, al igual que se delineará la postura y la crítica que se desprenden de esta interrelación. Las conclusiones generales estarán sentadas en un análisis crítico que nos revelará, entre otras cosas, la forma en que se aborda el tema de la violencia en Colombia desde la literatura hasta el cine que se desprende de ella, el aporte positivo o negativo que delega y por último, es de relevante importancia acotar los mecanismos y esfuerzos que el gobierno colombiano realiza para hacerle frente a este mal tan devastador.

II.   Contexto político-social de la violencia en Colombia

2:1   *"Época de la violencia"*

La violencia en Colombia, históricamente situada entre 1940

y 1961, se caracterizó por grandes y cruentos enfrentamientos entre los dos partidos políticos tradicionales: el Liberal y el Conservador. Durante este período los campesinos, abatidos o perseguidos por las injusticias, poco a poco se fueron desplazando al área urbana dando origen a grupos humanos que vivirían en condiciones subreglementadas y en consecuencia, fuera de la ley. En estos grupos se gestaron lo que hoy se conoce como guerrillas:

"Crearon una amplia red de bastiones en numerosas zonas rurales en la que en la práctica, determinaban políticas de gobierno local y ejercían un considerable control sobre la población... los grupos guerrilleros han sido responsables de infracciones graves y reiteradas del derecho internacional humanitario, con actos como secuestro, tomas de rehenes y homicidios de civiles... Por su parte, el ELN sigue siendo responsable de numerosos secuestros y de homicidios selectivos de civiles" (Amnistía Internacional 3).

2:2 *"El Frente Nacional"*

El Frente Nacional fue una coalición política creada entre liberales y conservadores con el fin de asegurar la alternabilidad de los partidos de forma equitativa y representativa en el Congreso, vemos así cómo Alberto Lleras Camargo (liberal) gobierna entre 1958 y 1962; Guillermo León Valencia (conservador) gobierna entre

1962 y 1966; Carlos Lleras Restrepo (liberal) gobierna entre 1966 y 1970; y Misael Pastrana Borrero (conservador) gobierna entre 1970 y 1974. "El Frente Nacional marca el fin a la violencia bipartidista que aquejó a Colombia por más de un siglo, y generó la desmovilización de algunas guerrillas liberales. Sin embargo, continuaron problemas sociales, económicos y políticos; y surgieron nuevos grupos guerrilleros a causa del inconformismo y de los nuevos rumbos ideológicos que se movían en América Latina" (Frente Nacional 4).

Entre los grupos guerrilleros tenemos a las FARC[1], el ELN[2], el EPL[3], el MIQL[4], y el M-19. Este último nace el 19 de abril de 1970 y es integrado por miembros de la ANAPO[5], que desmoralizados por el fraude electoral de 1970, que eligió injustamente a Misael Pastrana Borrero, se lanza por la vía armada y se conforma el grupo guerrillero M-19 que protesta contra la constante exclusión del campesino colombiano en los designios de su país. Este sistemático olvido del área rural colombiana hizo que el campesino se agrupara para reclamar derechos y beneficios, "...pobres campesinos que no encontraron otro ideal en la vida que vivar a su partido liberal o a su partido conservador" (Álvarez Gardeazábal 116-117), naciendo allí líderes guerrilleros que se unirían en un evento que se conoce con el nombre de "Con-

---

1   FARC. Fuerzas Armadas Revolucionarias de Colombia.
2   ELN. Ejército de Liberación Nacional.
3   EPL. Ejército Popular de Liberación.
4   MIQL. Movimiento Indigenista Quintín Lame.
5   ANAPO. Alianza Nacional Popular, Partido creado por el General y único presidente golpista del siglo XX en Colombia, Gustavo Rojas Pinilla.

flicto Armado Interno" cuyo objetivo primordial era defenderse de las "mutilaciones, decapitaciones masivas, descuartizamientos,...el país se agotó en rituales de sadismo y horror" (Frente Nacional 5).

2:3   *Nacimiento de las mafias*

Quisiera hablar de violencia en Colombia como se hablaba en sus inicios: con un machete azul o rojo entre campesinos y terratenientes, enredados entre litigios por la heredad de la tierra o enfrentados por el abuso por entre los que mantienen el sol y los que, a oscuras, cometían toda clase de agravios. Pero desafortunadamente la violencia en Colombia fue sufriendo unos cambios que fueron alimentados por el surgimiento de las diferentes mafias. Vemos, por ejemplo, cómo la mafia de las esmeraldas, hoy en día muy pocas veces mencionada, cobró miles de vidas. "Esta guerra 'verde' que mueve grandes cantidades de dinero en sólo tres días que duró el Congreso Mundial de Esmeraldas se movieron U.S. $37.000.000" (Castro 1).

La siembra de la coca es la otra mafia a la que nos referiremos y es tan productiva como el mercado negro que surgió alrededor de la esmeralda; "a un campesino sembrador de yuca se le pagan $7.000 pesos colombianos por día, mientras que a un sembrador de coca se le pagan $20.000 pesos por día. Una arroba de plátano puesta en Ontave⁶ vale $6.000 pesos, mientras que un kilo de coca se lo pagan al campesino a $2.000.000 pesos, y no tiene que pagar el flete de la mula para trasladarlo porque lo puede cargar en el bolsillo" (Castro 1). En ambas mafias están los "duros", que son quienes organizan y vigilan el movimiento entre la producción y el mercadeo del producto. Estas mafias manejan el negocio de la exportación sin mayores tropiezos relativamente, lo cual hace que el campesino colombiano tenga una preferencia en ingresar en la siembra de la marihuana o de la coca pues sembrando productos alimenticios se siente "desprotegido" y "mal pagado" ya que las políticas gubernamentales han descuidado al sector rural; los guerrilleros:

"Cobran tributaciones. Imponen a los 100.000 campesinos que trabajan en aquella vasta región, la obligación de sembrar al menos una hectárea de plátano y yuca por una hectárea de coca. Efectúan un reclutamiento forzado: cada familia debe dar un hijo o una hija a la guerrilla. Allí está en germen lo que sería una Colombia calcada sobre el modelo de Vietnam o Cambodia. El fusil gobierna. La máxima autoridad es el comandante (guerrillero). Se imponen fuertes gravámenes a los establecimientos y existen formas de trabajo forzado para los hombres sin empleo conocido.

Los guerrilleros entran en los ranchos y se hacen servir de comer sin tener en cuenta la privacidad de la familia. Mandos guerrilleros

---

6   Ontave es un pueblo del interior de Colombia.

dirimen problemas de deudas o robos. No hay presos: el castigo es la muerte. A los sapos o sospechosos de serlo se les liquida con un tiro en la nuca y su cadáver se arroja al río. Las FARC actúan como un estado en una extensa zona selvática" (Villamarín P. 117)[7].

Últimamente, las políticas gubernamentales se han tenido que familiarizar más con el objetivo de arrasar el mal, pero aun así resultan insuficientes los esfuerzos en ofrecerle al campesino mejores oportunidades de modos de vida que eleven su status en la sociedad. Hace algunos años Gabriel García Márquez aseveró: "Creo que no se ha tomado en cuenta hasta qué punto la situación política y social ha sido un caldo de cultivo providencial para la cultura del narcotráfico, en una Colombia grande y desdichada, con varios siglos de feudalismo rupestre, treinta años de guerrilla sin solución y toda una historia de gobiernos sin pueblo" (Castillo 1).

Lo más grave es que estas mafias, tanto la de la esmeralda como la de la marihuana y la de la cocaína, han penetrado con sus dineros, métodos y políticas de corrupción en las instituciones, en los partidos políticos, en las fuerzas militares, e incluso en los

---

7   El coronel Luis Alberto Villamarín Pulido fue un oficial del ejército colombiano poseedor de una amplia experiencia militar con conocimientos de inteligencia, operaciones psicológicas de contra guerrilla tema en el cual se ha tornado acuoso y profundo investigador. Ganador del premio 2003Latino Literary Awards en Los Ángeles, California con la obra *La silla vacía. Autor de 10 libros acerca del tema de la guerrilla colombiana. Es el militar colombiano que por su doble condición de intelectual y tropero ha ganado el respeto de lo investigado y publicado con respecto al fenómeno de la violencia en Colombia.*

movimientos "revolucionarios" siendo este el deslave más caótico que se pueda señalar en la historia de las mafias colombianas. Refiriéndonos a los grupos guerrilleros, que nacieron para defender los derechos del pueblo, hoy podemos observar la contaminación y la corrupción que caracterizan a estos grupos; ellos, en aras de sobrevivir, se mezclaron con el narcotráfico y de forma paralela a este extorsionan, secuestran, matan, y someten a la población indefensa a las más crueles vejaciones.

2:4   *El Narcotráfico*

El narcotráfico es el tipo de violencia más corrupto que puede existir en una sociedad: la mina, la destruye, la compra, y la socaba hasta ahogar todos los valores morales que la caracterizan. "Los carteles de la droga nacieron originalmente en Colombia como organizaciones criminales dedicadas a la producción, cultivo y trasportación de droga" (Carteles de Droga 1). Y el dinero del narcotráfico se utiliza para "…manchar con sangre el destino colombiano, a nombre de una revolución imposible y demencial" (Villamarín Pulido, 162)[8]. Es imposible hablar de narcotráfico en Colombia sin mencionar el máximo representante que ha existido en la historia de este comercio: nos referimos a Pablo Escobar, nacido en Medellín quien, sin haber terminado su educación secundaria,

---

8   *En el infierno*. Ediciones Luis Alberto Villamarín Pulido, 2003.

escaló posiciones políticas llegando a desempeñarse como Senador de la República. Construyó barrios enteros en la ciudad de Medellín, favoreciendo a las clases más necesitadas, utilizaba su dinero para desembarcar camiones repletos de galones de leche y repartirlos entre las gentes de los pueblos, se hacía cargo de subsidiar operaciones quirúrgicas a personas de escasos recursos, pagaba entierros, etc.

"Nadie parece ponerse de acuerdo sobre la magnitud de la fortuna que dejó el narcotraficante Pablo Escobar Gaviria... El primer gran inventario de propiedades de Escobar incluyó unas 500.000 hectáreas de tierra, equivalentes a una de las 32 provincias colombianas... La propiedad que más simbolizó el poder de la fortuna de Escobar fue la Estancia Nápoles donde construyó un gigantesco zoológico que abarcó 7.000 hectáreas y demandó la construcción de cinco lagos. En vuelos clandestinos desde África y Amazonas... compró 120 gacelas, 60 cigüeñas, 80 flamencos, 40 cacatúas, 90 faisanes, 30 búfalos, 15 grullas, 10 cebras, 6 hipopótamos, 3 elefantes, 2 rinocerontes, etc.... 40 autos clásicos... 44 motos de tierra y agua y obras importantes de pintores y escultores colombianos (como Fernando Botero) y figuras en oro... locales comerciales, lujosos hoteles en Colombia, Venezuela y Panamá... Su nena, que ahora tiene 13 años, declaró renta por primera vez cuando tenía 4 años, entonces figuraba como dueña de 66 garajes, 34 estacionamientos,

8 oficinas, 12 depósitos, y 13 apartamentos en Medellín…" (Una herencia que… 1).

La imagen de Pablo Escobar rápidamente escaló a ser la imagen de un "hombre de Dios" y todo el pueblo lo conoció como Don Pablo. Cuando Pablo Escobar muere asesinado, el 2 de diciembre de 1993 por el ejército colombiano, Medellín entera le oró y se arrodilló de dolor ante su caída.

III.   La violencia en Medellín desde un punto de vista sociológico

3:1   *La Familia*

La familia es la célula madre que conforma una sociedad; de los valores que en ella nacen dependerá el futuro de sus componentes. Las condiciones y circunstancias que rodean a cada familia en particular serán los aspectos que marcarán las sutiles y profundas diferencias entre los miembros de una sociedad.

Atendiendo al tema de la violencia en Colombia, y muy concretamente, la violencia que se expresa en Medellín, debemos señalar que las familias en esta ciudad han sufrido un cambio drástico en su estructura, cambio que tiene que ver con los sistemas modernos de vida, con el adelanto y el progreso como consecuencia de un comercio y de una culturización globalizada. Veremos cómo la mujer ama de casa (la madre) que se ocupaba, entre muchas otras labores, del cuidado directo y seguido de sus hijos, ahora, dada la alta demanda necesaria de ingreso económico al hogar, ella ha tenido que lanzarse al campo de trabajo y en este aspecto ir paralelamente al jefe del hogar (el padre). Este alejamiento de la madre del hogar trae como consecuencia un hecho de vital importancia social: el descuido y el desmembramiento de la unidad familiar con respecto al seguimiento estricto de los hijos. A esta circunstancia debemos añadir el "madre solterismo" que caracteriza la vida de las jóvenes de Medellín, es decir, se refiere a las mujeres que solas crían a sus hijos; estos niños crecen sin imagen paterna y esta desvalía se trasforma poco a poco en un terreno bien abonado para que la semilla de la violencia brote en la familia. Según un estudio realizado en Medellín sobre la caracterización de los jóvenes de esa provincia se expresa que: "El padre tiene por lo general una relación de menor intensidad con los hijos. El padre sólo se manifiesta en el momento de imponer regaños y castigos" (Pérez Arroyabe 22). De lo que podemos deducir que esta disfunción en las familias de Medellín hace que el joven carezca de una buena estructura que le permita ser un ente de unidad y lo muestre todo de forma contraria, es decir, quebrado y con muchos filtros disponibles para todo tipo de mensajes negativos. Se les añade a estos jóvenes una gran cantidad de deformidades de tipo psicológico y social que se irán manifestando en las continuas trasgresiones y rupturas de las normas, lo que hace que la sociedad definitivamente los califique como delincuentes.

"Los estudios sobre jóvenes con evidentes problemas psicosociales, por ejemplo, a nivel de agresividad, violencia, drogadicción, alcoholismo y delincuencia siempre aluden a la existencia de familias con problemas muy complejos" (Perez Arroyave 28). La complejidad también la podemos desmenuzar así: jóvenes que acusan a sus padres de no estar junto a ellos cuando eran pequeños y, por lo tanto, no colaboraron en la crianza; jóvenes que absorben de una manera rápida los cambios sociales recientes y que minimizan lo tradicional, por ejemplo, son jóvenes que expresan un miedo al matrimonio: "no aspiran a tener una familia, ni a formar un hogar, hay un cierto temor, como consecuencia de la situación que han vivido en los primeros años en su casa" (Pérez Arroyave 29).

Tanto la literatura de la violencia, como el cine que se desprende de ella, centran mucho de la atención en este aspecto: Rosario Tijeras es violada por su padrastro y su madre no le creyó. Seguramente la ceguera de la madre de Rosario obedece a un doblegarse ante el soporte económico que ese hombre le brindaba; se expone tanto en la obra literaria como en la película de *Rosario Tijeras* un abandono total a los hijos por parte de los progenitores. De igual forma, este fenómeno se expone en la cinta cinematográfica *La virgen de los sicarios* cuando presenta a las mujeres solas, llenas de hijos y pidiendo limosnas en las calles de Medellín para sobrevivir; "Putas perras paridoras que pululan por todas partes con sus impúdicas barrigas…" (Vallejo 64)[9]. Se está refiriendo el autor a la irresponsabilidad y a la ignorancia ante la procreación siendo las políticas del gobierno y la religión los estamentos que han jugado un papel fundamentalmente negativo en medio de este fenómeno ya que, por ejemplo, la religión ha prohibido por años el uso de anticonceptivos y la ley ha estipulado condiciones estrictas para esterilizar a las mujeres, salvo ciertas excepciones; sin embargo, es curioso y debemos anotar que el actual Papa Benedicto XVI acaba de aceptar el uso del condón, abriéndose con esto una gran esperanza que algunos tildarán de tardía pero que, sin duda, con el correr del tiempo, terminará construyendo castillos de soluciones a problemas sociales como enfermedades, procreación irresponsable, etc. "El Papa Benedicto XVI dijo en un nuevo libro que el uso de los condones puede justificarse en algunos casos, como cuando hombres que se dedican a la prostitución recurren al preservativo para impedir la propagación del virus que causa el SIDA" (Papa justifica 1).

3:2   *La religión*

Colombia es un país tradicionalmente católico y en Medellín existen más de 263 iglesias católicas. Esta característica nos lleva a

---

9   *La virgen de los sicarios.* Alfaguara. Segunda edición, marzo de 2003

afirmar que la religiosidad y la práctica del catolicismo están arraigadas fuertemente en la sociedad antioqueña. Los jóvenes que tradicionalmente heredan las creencias y los ritos que le son propios al catolicismo, día a día han ido abandonando esta influencia en parte por los aspectos familiares que caracterizan a esta sociedad y que la muestran cómo una perdedora convulsiva de sus nexos con el pasado; los jóvenes tienen una actitud de búsqueda e introyectan sistemáticamente nuevos estilos, prácticas, creencias de tipo religioso.

En Medellín los "cara sucias", como se les llama a los niños de la calle, expresan que Dios los acompaña en lo bueno y en lo malo; sobre todo en lo malo porque Dios es tan grande y misericordioso que ni aún en sus errores Dios los va a abandonar, justificándose así el rito de las balas rezadas, ritual que consiste en:

Póngase seis balas en una cacerola previamente calentada hasta el rojo vivo en parilla eléctrica. Espolvoréense luego en agua bendita obtenida de la pila de una iglesia, o suministrada, garantizada, por la parroquia de San Judas Tadeo, barrio de Castilla, comuna noroccidental. El agua, bendita o no, se vaporiza por el calor violento, y mientras tanto va rezando el que las reza con la fe del carbonero: Por la gracia de San Judas Tadeo (o el Señor Caído de Girardota o el padre Arcila o el santo de tu devoción) que estas balas de esta suerte consagradas den en el blanco sin fallar, y no sufra el difunto. Amén. (Vallejo 63).

Después de este ritual, el sicario mata y si todo le sale bien se devuelve al santuario o iglesia para dar gracias y depositar una buena limosna que los curas usarán en diferentes obras de caridad. De la doble moral que estos hechos plantean se desprende otro gran mal: la crisis de valores morales, la postura híbrida de las instituciones religiosas, la ética manipulativa que en general muestran una pugna entre lo moral, lo religioso y Dios. Este Dios lo podemos situar en diferentes perspectivas y dependiendo del lado que se le mire puede ser un Dios de grandes e infinitas definiciones, es un Dios que dista mucho del Dios de hace cien, ochenta, cincuenta, cuarenta años atrás. El Dios de ahora bendice balas, permite que se queme marihuana en su recinto y todos sus santos están colgados al cuello y amarrados a las muñecas y a los tobillos de los sicarios. "El pobre Ferney siempre sufrió con su mala puntería… a lo mejor por eso lo mataron. Se puso de confiado a amarrarse los tres escapularios en la muñeca para que no le fuera a fallar el pulso y se quedó sin el corazón para protegerse y sin el del tobillo para volarse. Muy güevón, Ferney" (Franco 154)[10]. De esta última expresión se desprende que Ferney fue irresponsable consigo mismo y que la relación con Dios es fetichista y no espiritual, se concreta, se materializa y el cuido que ese Dios hace del cuerpo está zonificado, es decir, cuando falla

10   *Rosario Tijeras.* Primera edición norteamericana: Febrero 2004.

el fetiche, también falla Dios.

La religión parece haber cedido paulatinamente a las necesidades básicas de los jóvenes de Medellín; para ellos matar llega a ser indispensable para vivir y aferrarse a un Dios especial, producto de una creación de necesidad básica de protección, es la posición más elemental y natural que se origina de ese instinto inherente al ser, como es sobrevivir. Un Dios que acompaña a disparar, si lo miramos bien, es un Dios amigo, involucrado, responsable en suplir la necesidad de protección que estos jóvenes demandan. Este último aspecto tiene una importancia relevante en la vida de estos jóvenes ya que, como hemos mencionado antes, ellos nacen y crecen sin la protección de sus progenitores. Los ayudantes de Dios (los santos: San Judas, La virgen del Carmen, La Virgen de los Remedios, San Antonio, etc.) bien podrían representar a los otros miembros de la familia que de una u otra forma dan seguridad y ofrecen diversidad en la ayuda.

Los muchachos jóvenes de la ciudad de Medellín que matan, "sicarios", efectúan rituales religiosos que indudablemente se acomodan a una nueva expresión pero que sin duda se desprenden de la religión católica tradicional. Como vimos anteriormente, el ritual de las balas rezadas tiene incorporado elementos muy tradicionales de la religión católica como son el agua bendita y los santos, en este caso, San Judas Tadeo. Los escapularios también son elementos tradicionales, pero la modernidad del rito estriba en el nuevo uso de estos escapularios. Hay un aspecto religioso que se expone en el cine de la violencia que podríamos tildarlo de muy curioso como es el ritual que estos jóvenes hacen después de la muerte: los paseos por los lugares preferidos del muerto, los bailes, la música, esta última llevada hasta la tumba e instalada allí en un pequeño radio que suena a todo timbal día y noche. Esta nueva costumbre rompe con la tradicional que era conservar en el cementerio un ambiente de recogimiento, silencio y oración. El nuevo rito después de la muerte pareciera querer mantener una conexión entre la vida y la muerte; para ellos no hay un adiós definitivo, no hay un descanso; el muerto después de muerto, va a la discoteca, continúa tomando cerveza, aguardiente y se deleita con su música preferida, como diría Rosario Tijeras refiriéndose a su hermano Johnefe, después de muerto: "hicimos todo lo que a él le gustaba" (Franco 123).

3:3   *El lenguaje*

Los jóvenes de las comunas de Medellín tienen una forma particular de llamar a las cosas, las expresiones que utilizan siempre están en relación con su actividad delictiva: "fumigar" para ellos quiere decir que van a disparar de tal forma que todo va a desaparecer. La "llave" es el amigo o cómplice que conoce todo el plan, y la "caleta" es el dinero que obtendrán después de "coronar", es decir, después de haber hecho el trabajo bien. Cuando van a "dar el paseo" a alguien es porque hasta ahí le llegó la vida al "muñeco" que no es más que el futuro muerto. Los "sapos" son los que venden la información generalmente a los "duros" que son los jefes mafiosos que manejan grandes cantidades de dinero. Cuando los policías están cerca, se dice que los "tíos" merodean y un prisionero es un "carnero" que vive en una "finca", o sea, una cárcel. Comer significa "tanquear" y dormir "hacer lagaña".

También utilizan expresiones para señalar compañerismo y afecto: "parcero", "hermano'" "vacán", etc. "Gonorrea" es una expresión que significa desprecio y esta palabra es utilizada en el cine de la violencia tan repetidamente que llega a causar hastío. Este fenómeno lo observamos sobre todo en las películas *La Sierra* y *La virgen de los sicarios.* Güevón y marica son apelativos constantes, usados tanto por hombres como por mujeres. El objetivo es insultar a quien es perezoso, tonto y poco brillante. "Par de maricas –nos dijo Rosario-. Definitivamente estoy hecha con este par de güevones" (Franco 69). Así expresaría Rosario el disgusto, ante la negativa de Emilio y de Antonio a seguirla en su plan.

La palabra más sentimental es "la cucha" y se refiere a la madre, a esa mujer que los levantó sola y a la que ellos han visto sacrificada para poder criarlos. Por la cucha, estos jóvenes arriesgan todo, pues ellos saben que de una u otra manera ella es la única que les desea todo lo mejor. El día de la madre es un día en el que toda la "caleta" está destinada al regalo de la cucha.

El "Parlache" es el nuevo lenguaje utilizado por los jóvenes de Medellín, y es muy importante aclarar de ante mano que esta jerga se ha popularizado tanto que su uso no es exclusivo de los delincuentes sino que se ha extendido a otras esferas de la sociedad de Medellín y de Colombia en general.

El "Parlache" es una consecuencia del uso de una palabra con sinónimos inventados que muchas veces tiene su origen en el color, la forma o cualquier otra idea cercana a la palabra. Por ejemplo, para decir marihuana, se han inventado los siguientes sinónimos: orégano, ron de palito, vareta, maracachafa, chiruza, hierba, cánnabis, etc. Es decir, el "Parlache" "se nutre de voces ya existentes en el lenguaje general pero cambiando su significado" (Pérez Sánchez 14).

"El Parlache" puede decirse que es una división existente entre el lenguaje tradicional y una nueva forma que de este se desprende. Como es sabido, el lenguaje cumple con una función social de comunicación, pero es precisamente este lenguaje el que se encarga de trazar una línea que divide esta comunicación. Esta división la podemos expresar así: el Medellín de los de abajo y el Medellín de los de arriba o "Medallo". Esa misma línea de lenguaje que los separa, es la misma línea que existe en la psiquis de los sicarios y delincuentes que se expresan en "Parlache" y que los hace únicos distinguiéndose de los otros que usan el tradicional castellano; nos estamos refiriendo a los que viven en el Medellín de abajo. Un ejemplo de expresiones creadas en este ambiente juvenil del "Medallo" o del Medellín de arriba es: "muy vacano", "muy sollado", "muy cuca", "este es mi llavería", "este es mi parcero", "este es mi socio", "este es mi bandera", "que piquiña", "torcido", etc. (Pérez Arroyave 97).

IV.   Cine de la *"Literatura de la violencia"* en Colombia

La novela y el cine de la violencia en Colombia pasan por una metamorfosis que podría resumirse así: 1.- "novelas que dejan testimonio de sucesos reales, en los cuales la intensión de denuncia subordina la mediación literaria" (Osorio 22) como por ejemplo *Viento Seco* de Daniel Caicedo, *Quién dijo miedo* de Jaime Sanín Echeverry, *Horizontes cerrados* de Fernán Muñoz Jiménez, *El monstruo* de Carlos H. Pareja, *El 9 de abril* de Pedro Gómez Corena. 2.- "Novelas que se desprenden de la inmediatez de la denuncia, hacen una interpretación sociológica del hecho histórico y tienen mayor cuidado de su estatuto literario", (Osorio) como por ejemplo, *La calle 10* de Manuel Zapata Olivella, *El día del odio* de José Antonio Lizarazo, *El Cristo de espaldas* y *Siervo sin tierra* de Eduardo Caballero Calderón. 3.- "Novelas que subordinan lo histórico o lo literario algunas de ellas hasta el punto en que la violencia aparece como un telón de fondo, un referente más o menos marginal de la anécdota principal, una atmósfera" (Osorio), como por ejemplo, *El coronel no tiene quien le escriba* de Gabriel García Márquez y *La mala hora* del mismo autor, *El día señalado* de Manuel Mejía Vallejo, *Mi capitán Fabián Sicochá* de Flor Romero de Nhora. Es en este último grupo donde también podemos situar a *Rosario Tijeras* de Jorge Franco y *La virgen de los sicarios* de Fernando Vallejo, obras literarias que cuentan con su filme cinematográfico que corren paralelas a ellas cuando cuentan la historia ya que tienen la particularidad de contar con libretos y dirección realizados por sus propios autores.

4:1 *La mala hora* y *El coronel no tiene quien le escriba* de Gabriel García Márquez

El telón que descorre intencionalmente Gabriel García Márquez cuando escribe *El coronel no tiene quien le escriba* es el destape literario sobre la violencia en Colombia que cobraría tanta importancia en los años subsiguientes; un coronel que cocina piedras:

"Varias veces he puesto a hervir piedras para que los vecinos no se-
pan que tenemos muchos días de no poner la olla" (García Márquez
108)[11] y un pueblo sin nombre en *La mala hora* situado en cualquier
lugar de la costa colombiana porque también puede ser el pueblo
de cualquier parte de Latinoamérica, son el marco de una realidad
histórica y social que le sirve de telón al autor para aparentemente
de forma inadvertida, y hasta pareciera que entre dos mundos, se
exprese la realidad cruda y violenta de una sociedad que en el fondo
está siendo evidenciada, en este caso, de manera muy sutil por la
literatura y el cine.

En el caso del coronel muerto de hambre, atormentado por el
chirrido de sus tripas, que se viste como la ocasión lo requiere (vestido y zapatos negros) cuando llega a dar el pésame "alguien le dijo
a su oído despacio, con una voz muy tierna: "Cuidado, coronel."
Volteó la cabeza y se encontró con el muerto" (García Márquez 32)
con el muerto de hambre que era él y se concluye así que las miradas de los muertos se cruzaron y el que ya le llevaba ventaja al
coronel le advierte el peligro en que está si sigue aguantando hambre, si sigue aguantando la espera de una pensión que nunca llega.
La realidad es que en Colombia los pensionados en aquellos años
esperaban y esperaban sin recibir sus mesadas y muchos morían sin
haber gozado el privilegio de dicho beneficio aun a pesar que es-

11   *El coronel no tiene quien le escriba.* Ediciones Orbis, S.A. 1982.

taba reglamentado por el gobierno, "algunos de ellos no debieron escribir tantas cartas como el coronel… lo cierto es que la pensión digna llegó, con ella un ascenso que ya no es más que un símbolo de orgullo, para personas que sobrepasan los cien años de edad. No nos referimos a *El coronel no tiene quien le escriba,* sino a militares reales, que sirvieron a instituciones armadas durante décadas"[12].

Han pasado más de cuarenta años después de la denuncia de Gabriel García Márquez y aún vemos que en nuestra República Dominicana se sucede el mismo hecho con lo cual podemos concluir que la desatención que los gobiernos de América Latina tienen hacia sus pueblos sigue siendo el mal que les aqueja y de allí se siguen desprendiendo quejas más recientes como las que hace Fernando Vallejo en *La virgen de los sicarios* y Franco en *Rosario Tijeras.*

Como ya hemos explicado antes, el cine de la violencia corre muy paralelo a la literatura de la violencia por lo que a veces el análisis crítico de estas dos artes se entrecruza.

4:3   *La virgen de los sicarios de Fernando Vallejo*

La novela *La virgen de los sicarios* que da origen al filme cinematográfico homófono de la obra, plasma la irresponsabilidad de todo un pueblo que parece mutilado; hasta el propio autor, tanto en la obra literaria como en la película, protagoniza una polémica

12   Tomado de El Nacional, diario de Santo Domingo, RD, el 3 de marzo de 2011.

al mezclar su autobiografía con los análisis y las propuestas que él expone para acabar con el mal. Fernando Vallejo pone en labios del protagonista, o sea, el escritor de la obra, que a la niñez hay que exterminarla si queremos acabar con el mal de raíz: "Mi fórmula para acabar con ella no es hacerles casas a los que padecen y se empeñan en no ser ricos: es cianurarles de una vez por todas el agua y listo" (Vallejo 68). Se refería Vallejo a su propuesta para exterminar la pobreza. Tengamos en cuenta que esta novela tiene la peculiaridad de estar narrada en primera persona y esa misma peculiaridad se muestra en la película, viéndose en ella un continuo relato autobiográfico en donde el autor, Fernando Vallejo, compromete sus opiniones sin disimulo alguno, lo cual provoca, tanto en el lector como en el espectador, rechazo y mucha vulnerabilidad a la hora de expresar la crítica.

Las líneas de esta novela, al igual que las del guión cinematográfico, son sumamente violentas, primero, porque aducen a un sinnúmero de verdades; se expone, por ejemplo, la venta de órganos, es decir, hay un comercio de muertos. Segundo, porque muestra la vileza de los ciudadanos como un fenómeno social, donde la complicidad y la complacencia ante el delito es aceptada por las gentes de forma natural, mostrándose así un bajo perfil de dignidad, asunto este que muestra el caos de una sociedad en permanente pérdida de valores morales. El atraco que el Estado le hace a su pueblo es una crítica obsesiva que se repite sin cesar. La perversión sexual de los niños que se prostituyen con el mismo sexo o con el opuesto para conseguir ropa, comida, etc., nos muestra el caos de una sociedad decadente.

Si *La mala hora, El coronel no tiene quien le escriba* y *Rosario Tijeras* muestran una violencia cruda y patética, *La virgen de los sicarios* es un filme que nos sacude de pies a cabeza; tanto, que hay algo que no le queremos perdonar al autor cuando llama a los colombianos ratas e insulta el origen de la raza diciendo: "De mala sangre, de mala raza, de mala índole, de mala ley, no hay mezcla más mala que la del español con el indio y el negro: producen salta-patrases o sea changos, simios, monos, micos con la cola para que con ella se vuelvan a subir al árbol … sale una gentuza tramposa, ventajosa, perezosa, envidiosa, mentirosa, asquerosa, traicionera y ladrona, asesina y pirómana" (Vallejo 90). Después de este corrientazo literario, tan cargado de adjetivación que demuestra la ansiedad del autor por expresar con palabras que no le son suficientes, solo queda decir que Vallejo no se excluyó porque él también es colombiano y vivió en esa cultura, él también es causa y efecto del fenómeno, él también es violento y lo reconoce cuando afirma: "Aquí no hay inocentes, todos somos culpables" (Vallejo 100).

Teniendo en cuenta que *La virgen de los sicarios* se muestra como una autobiografía, la culpabilidad del autor se evidencia cuando sostiene a un "niño" matón y le compra hasta dos radios y dos televisores en un mismo día, lo pone a vivir en un buen barrio de Medellín desde donde divisa las estrellotas del otro Medellín. La vida alcahueta y la moral falsa de un viejo escritor, que regresa a morir a su antiguo barrio, no dejan duda que los males de la violencia en Colombia, entre otros lugares, nacen con progenitores como el de este relato. Por supuesto que la coincidencia entre Fernando Vallejo, el autor de la novela y de la película, y Fernando el actor de la historia de la película, es un intrincado literario que funciona confundiendo al lector ingenuo y que se vale de la pluma del Vallejo escritor, también homosexual, para crear una trama trabajosa y difícil de separar.

El aspecto social religioso, tan comprometido en esta obra, enriquece la crítica dirigida al clero como institución de poder y gobierno. Recordemos que en Colombia se vivió por muchísimos años bajo el Concordato[13]. Acuerdo este impugnado por considerarse algunos de sus pactos violadores de los derechos humanos: "En materia de libertad religiosa, de la desigualdad de derechos en cuanto al matrimonio, durante el matrimonio y en caso de disolución del

---

13   Un "concordato" es un acuerdo entre la iglesia católica (Santa Sede) y un estado para regular las relaciones entre ellos, en materias de mutuo interés.

vínculo; de la libertad de enseñanza, del respeto a la autonomía y derechos y libertades de los indígenas; del derecho a la educación" (Uribe Blanco 9). Bajo este acuerdo, fueron muchos los títeres que se manejaban con la misma cuerda.

La virgen de los sicarios, como literatura que recrea una realidad y como cine que muestra unas imágenes crudas y de vivencias reales que le pertenecen a la sociedad de Medellín, resulta escalofriante la crítica que se hace a la religión, pero al mismo tiempo, es un relato a sangre fría que nos pasea por las calles, las plazas, los colegios, las iglesias tradicionales; está cargada de recuerdos pero que contrasta con un ayer y un hoy que poco se conectan. Tanto Fernando como Alexis, su enamorado y niño protegido, buscan desenfrenadamente a Dios. Ellos van de iglesia en iglesia, regresando incluso a las mismas cuando las encuentran cerradas, como si la urgencia fuese hablar con Dios a toda costa, buscar su protección, como la buscan los sicarios con sus escapularios. Sobre todo, Fernando sabe que él nunca ha encontrado a Dios y que Alexis y él están solos y que el colmo es que esa soledad se mezcla en la iglesia con el humo de la marihuana y el del incienso. La muerte es la vida, porque es el paso, es el hallazgo, es el éxito del traspaso, por eso en *La virgen de los sicarios* la muerte asecha constantemente, todo el mundo la conoce, y ya nadie la evita mas todos la enfrentan porque es la única muestra de poder que les queda; cuando alguien mata primero, le ganó a la muerte. Lo complicado es que a la vuelta del camino allí está nuevamente la muerte sentada, esperando su turno y la suerte del que la enfrente será pasar a la vida, a esa vida perfecta que la eternidad nos promete y será en este momento en el que la violencia estará doblegada.

4:4   *Rosario Tijeras de Jorge Franco*

La novela que da origen a la película *Rosario Tijeras* de Jorge Franco, nos relata una historia sacada de la realidad que se vive en Colombia; la película muestra muy específicamente la sociedad de Antioquia cuya capital es Medellín. La historia de Rosario Tijeras desmenuza la fuerza de un aire vital que se esparce, dejando a su paso un silencio lento, vacío y tan grande como el amor; un silencio que pesa y se acomoda discretamente en un alma enamorada, alma cada vez más liviana que oculta su debilidad en las espesas noches de insomnio que acumulan afán por hilvanar lo que se pierde con el amor y lo que se gana con ese sentimiento. Es la historia contada con el alma en la boca, sentada en la letra y expuesta en la imagen, es una historia que solo una vez arrulló su nombre: "Mejor durmámonos, Antonio – me dijo" (Franco 164). Es la única vez que Rosario Tijeras le llama a Antonio por su nombre, es en ese instante cuando Antonio siente que es imperativo enterrarse en el sueño de sus sueños y así soñando despierto cerró los ojos para seguir viendo a Rosario, y calló en largos silencios de diálogos internos y se sintió cobarde, y se asustó al escucharse y lloró, y lloró y ahogó todo intento razonable y sensato por declararle abiertamente a Rosario el amor puro y verdadero que por ella sentía. "Mi silencio fue del mismo tamaño que el del amor que padecí" (Franco 89).

El novio "formal" de Rosario, Emilio, era el mejor amigo de Antonio, de ahí que este se sintió siempre incapaz de traicionar la amistad que desde niños los hermanaba. El amor de Emilio por Rosario es el mismo amor que las montañas de Medellín sienten cuando abrazan a esta hermosa ciudad; es un amor fuerte con las mismas imperfecciones que muestran los dientes de las montañas donde a veces juramos haber visto un lucero posando para el tintineo de nuestra deslumbrada mirada, al tiempo que confundimos la imagen del "monstruo de la montaña" con ese juego inexplicable de las nubes negras en una noche de luna llena.

Con la fuerza de un amor sexual, Emilio rayaba los muslos, la espalda, los labios de Rosario Tijeras, dejándole grietas en testimonio de sus uñas salvajes; salvaje es también el viento que arranca de las laderas de las montañas de Medellín la historia de muchas vidas, y en sigiloso vuelo las estrella contra el otro Medellín, el Medellín de Emilio, el Medellín de Antonio, el Medellín de los ricos,

el Medellín de las infancias alegres, el Medellín del paisa trabaja-
dor, incansable, triunfador en los negocios, el Medellín industrial y
comercial que el mundo conoce como el mayor productor y expor-
tador de textiles. Es el Medellín instruido que cuenta con más de
50 universidades entre los que se distinguen los profesionales de la
Universidad de Antioquia quienes continuamente colaboran y hacen
intercambios intelectuales con el resto de América Latina y Europa;
éste es el Medellín que disfruta cuando mira los cerros que están allá
arriba, y observa la belleza de un cielo colmado de estrellas inmensamente grandes, inmensamente cerca, un Medellín que se extasía y
cree que el privilegio de ser colombiano es haber nacido allí. En ese
Medellín de abajo se "ignora" que esas estrellotas son las luces en su
conjunto de las comunas donde los pobres viven encaramados: Ese
es el Medellín de Rosario Tijeras, de Johnefe su hermano y de un
montón que hacen lo que sea por defenderse y defender la vida de
los que quieren, las vidas de sus "parceros" y acallan sus reclamos
escuchando música a todo trapo, bebiendo alcohol y consumiendo
bazuco y matando de puro aburrimiento como cuando Ferney, el
antiguo novio de Rosario, mata a alguien sentado a sus espaldas en
la sala de un cine tan solo porque no soporta el crujir de las papitas
fritas: "Se volteó del todo hasta que tuvo al tipo de frente, sacó el
fierro, se lo incrustó en la barriga y disparó. El hombre apenas si se
movió... y ahí quedó con la cara de asustado como si la película

fuera de miedo" (Franco 81). Y la violencia de Ferney se confundió con la violencia de la película, y nadie pudo discernir entre las dos películas y Ferney y todos los de su barrio volvieron a sus casas a paso normal, empinándose por las faldas de las montañas sin percatarse quizás que entraban al Medellín de tapiz rayado por el aturdido y burdo paso de las botas de suela de caucho, de hierro, que todos ellos usan.

Las casas del Medellín de arriba cuyos muebles han desafiado las alturas para ser ubicados en espacios de usos múltiples: la sala, el cuarto, la cocina y el baño todo a un mismo tiempo, es ese Medellín que irónicamente siempre está más cerca del cielo, un cielo que hace parte del infierno y que con la vida se paga muchas veces el mirarlo, si quienes deleitados por su belleza posponen la obligación de permanecer alerta a los chasquidos de los fierros que constantemente roban la vida. Esta historia de Jorge Franco, proyectada en el cine colombiano, muestra la violencia que existe en la ciudad de Medellín apuntando el fenómeno desde un punto de vista de división de clases. Nos habla de un Medellín de abajo y un Medellín de arriba, es decir, de una sociedad fragmentada como fragmentada está Rosario: una mujer que se divide en dos, la mujer sentimental, humana, que pide protección y la mujer prostituta, descarnada y fría que hace parte de un grupo de narcotraficantes y que realiza un trabajo bien hecho como sicaria despiadada, que entierra el fierro al compas de un beso.

V. Consideraciones generales, postura y crítica de los filmes cinematográficos de la violencia en Colombia.

La fuente inagotable de la que ha bebido el cine de la violencia en Colombia se encuentra indudablemente en la literatura que se engloba en esta misma temática. Es fácil suponer que escritores tan famosos como Gabriel García Márquez despierten el interés de un público que de alguna manera está familiarizado con algunos títulos como *La cándida Eréndira, Crónica de una muerte anunciada, La mala hora, El coronel no tiene quien le escriba, etc.*, y que la adaptación de sus obras al cine resulten en el éxito esperado; sin embargo, por factores a veces difíciles de enmarcar, el llevar una obra literaria al cine arrastra consigo una decepción difícil de explicar. Algunos críticos expresan que condensar en dos horas y media de rodaje fílmico una obra literaria es asesinar a la misma; sin embargo, debemos anotar que son muchísimos factores los que determinan el éxito.

Para Gabriel García Márquez, cuya relación entre la literatura y el cine ha sido estrecha, la convivencia entre estas dos artes es conflictiva. En una entrevista concedida por el escritor "El novelista que quiso hacer cine", García Márquez sintetizó la importancia y las dificultades de su relación con el cine en una metáfora irónica: "… el cine y yo somos como un matrimonio mal llevado, no puedo vivir ni con él ni sin él" (Rocco 2). La trayectoria de Gabriel García Márquez como crítico de cine es larga y extensa. Él por algunos años colaboró escribiendo críticas en periódicos colombianos tales como *El Espectador* y *El Heraldo*, escribió muchos guiones para más de 20 películas y su admiración y amor por este arte lo llevó a la creación de la fundación Nuevo Cine Latinoamericano y la formación de jóvenes cineastas en la Escuela de Cine y Televisión de San Antonio de los Baños en Cuba.

Para Gabriel García Márquez el que una película no pueda trasmitir el drama psicológico, el proceso psicológico, en otras palabras el trasfondo, es un aspecto negativo que lo desilusiona. García Márquez dice: "No puede haber una gran película y pensando en la literatura, no puede haber una verdadera novela si, visualmente, el primer plano y el segundo plano no reciben el mismo tratamiento cuidadoso" (Rocco 4). Este autor ha expresado su preferencia por la literatura con respecto al cine, pues este último deja un margen de insatisfacción ya que, según él, la imagen se impone de manera concreta mientras que la palabra deja "un amplio margen de libertad de imaginación al lector" (Rocco 15). La crítica que se ha elaborado con respecto al filme de *La mala hora* expresa que la adaptación es libre, latosa y de una forzada reiteración de situaciones "…clima febril de personajes faltos de vida, de actuaciones artificiosas…Del tedio irremediable que produce *La mala hora* apenas podrá rescatarse el recuerdo de algunas bellas imágenes" (Duque López 2). "*La mala hora* de Ruy Guerra es una confusa adaptación de un texto de Gabriel García Márquez" (Lerer 1).

Teniendo en cuenta la inconformidad que el propio García Márquez muestra ante el trabajo fílmico y las críticas desfavorecedoras sobre los filmes de sus obras, no es extraño encontrar una declaración tan contundente como la que el autor expresó con respecto a la posibilidad de adaptar y llevar al cine su obra cumbre *Cien años de soledad:* "Mientras esté vivo, rechazo cualquier adaptación de "Cien años de soledad" (sic) porque me preocupa que la escena de Remedios, la bella, ascendiendo al cielo con poleas y cuerdas despierte las carcajadas de los espectadores que, mejor que los directores y guionistas, tienen un sentido más exacto de lo ridículo y lo inapropiado en el cine" (Duque López 5).

Disciplinas que deberían complementarse como es el cine y la literatura, curiosamente están en pugna como lo expresara antes García Márquez. Parece ser que la polémica se desata por una superficialidad que se le endilga al cine al no poder este arte lograr expresar el profundo contenido que caracteriza a las obras literarias. "Se suele rechazar la película lamentando que la complejidad del texto literario haya sido despreciada por la superficialidad de las imágenes" (Martínez-Salanova Sánchez 1).

Refiriéndonos concretamente al cine que se hace en Colombia, podemos afirmar que desde el año 1964 hasta la fecha, se han sucedido una serie de películas que empezó con *El río de las tumbas* del productor Julio Luzardo y que pasando por *La estrategia del caracol* de Sergio Cabrera, *Carne de tu carne* (1983), de Carlos Mayolo, *En la tormenta* (1979), de Fernando Vallejo, *María Cano* (1990), de Camila Loboguerrero y *Cóndores no entierran todos los días* (1983), de Francisco Norden basada esta última en la novela homófona de Gustavo Álvarez Gardeazábal, películas todas estas que rompieron con los modelos viejos para darle paso a un cine crítico que develaría la historia de un país sumergido en una violencia, en una escabrosa vida de un pueblo cuyos literatos y cinematógrafos abren un camino nuevo para dar un testimonio verídico, violento y, por lo tanto, difícil de ignorar.

En este cine actual, destacamos a Fernando Vallejo con su película *La virgen de los sicarios* que expone la imagen de unos jóvenes cuyo trabajo es matar. "El sicariato" es el único destino de los jóvenes de Medellín, quienes se mueven en un ambiente carente de lazos familiares fuertes y en donde el tráfico de drogas, y todo lo que ello implica, es la única salida que les queda como estilo de vida. Siguiendo con la temática del narcotráfico, Jorge Franco sostiene un encuentro con Vallejo y filma su obra *Rosario tijeras*. Emilio Maillé se enamora del proyecto y nos muestra en el filme cómo Rosario Tijeras se entrega en cuerpo y alma al servicio del narcotráfico como sicaria.

Las fibras que mueve esta película en el espectador son muchas, pues se revela la historia de un amor dividido entre el amor sexual (el amor de Emilio hacia Rosario y viceversa) y el amor puro (el que Antonio experimenta por Rosario). También, la película es la historia de una Medellín dividida y estratificada por clases sociales muy separadas; señalada esta separación por las alturas: los de arriba y los de abajo.

La *Virgen de los sicarios* es una cinta que muestra sistemáticamente la unión entre narcotráfico y muerte, evidenciándose así una historia de destrucción total, que es la que persigue a todos los personajes que se mueven en el bajo mundo de Medellín. La vida es prestada, los objetos y las pertenencias que rodean a los jóvenes sicarios también lo son. Como vemos, la sensación es de vacío y el no pertenecer se convierte en una zozobra de vida sin esperanza, con un destino que constantemente señala el final. La crítica que se ha hecho de esta película la podemos reseñar así: "No podemos negar que Medellín es una ciudad violenta, donde robar, amenazar y matar son verbos que se conjugan día a día, pero en su afán de contar una historia efectista, el guionista Vallejo y el director Schroeder pecan por exceso… no sería posible para nadie vivir aquí" (González 1).

Refiriéndose al acento del primer actor se dice: "Resulta forzado el acento paisa del protagonista, quien es bogotano. Su personaje es un pedante que resulta más literario que humano y que deambula con actitud superior e inocente…pero promoviendo y estimulando, desde adentro, el odio y la muerte" (González 1).

"En *La virgen de los sicarios* se recrea una imagen multifacética de la ciudad de Medellín… se manifiesta en la coexistencia de varios tipos de espacio, la interacción del tiempo y el espacio, el funcionamiento del espacio abierto y cerrado, la sobreposición de las memorias, las imágenes del pasado y la visión de la aglomeración presente. Paralelamente, se muestra el deterioro en el paisaje urbano que se puede encontrar en la vida real, y que, además, revela varios problemas actuales de una ciudad contemporánea" (Valdez 1).

Con respecto a la película *Rosario Tijeras*, la crítica se ha expresado así: "*Rosario Tijeras* es una estupenda película colombiana basada en el libro homófono escrito por Jorge Franco… nominada en España al premio Goya a la Mejor Película Extranjera" (La guarida del big foot 1). "La película que describe la vida de una sicaria de un cartel de la droga en Colombia, es pasional y extrema, exagerada en su desarrollo pero igualmente hipnótica" (Yahoo! Cine España 1). "Cruzar la frontera de la literatura siempre es peligroso, pero cuando leí el libro me encantó y pensé que podía ser una historia atractiva en cine" (Dávalos 1). "Rosario Tijeras desde que fue escrita... estaba predestinada a ser un guión para una futura producción de cine... El pueblo de las comunas de Medellín, se siente identificado, y cree entender la parodia, sobre todo en aquellas escenas donde se vela al muerto... son jóvenes muchachos que han aprendido a matar con la ayuda de la virgencita" (Caro 1).

Tanto la *Virgen de los sicarios* como *Rosario Tijeras y La sierra,* realizadas en estos tres últimos lustros del cine colombiano, son películas que están dentro de un esquema cuyo común denominador es una disciplina fuera de la tradición familiar, religiosa, escolar, etc. El avance personal de los individuos en estas películas no depende de una tradición venida de la familia, ni de las enseñanzas venidas de la escuela, ni siquiera de las ideologías religiosas tradicionales; el destino de estos jóvenes dependerá única y exclusivamente de la pandilla a la cual ellos pertenecen o del jefe para quien ellos trabajan, concluyéndose con esto que estas películas muestran un desmembramiento total del núcleo social primario: la familia, y que el mal que ha minado a este núcleo social primario es el fenómeno de la violencia que no debe considerarse como "una causa en sí misma sino como un síntoma" (Kantaris 2), síntoma cuyo mal radica en el descuido del gobierno colombiano hacia las clases sociales menos favorecidas, en donde las oportunidades de escolarización son reducidas y, en consecuencia, hay un alto índice de deserción escolar y de analfabetismo.

"Los índices de analfabetismo que aún persisten en Colombia se convierten también en uno de los mayores obstáculos para el desarrollo humano. Estos índices oscilan entre un 6% en las cabeceras municipales y un 21% en la zona rural" (Romarta n. pág.). "Según datos de la Encuesta Nacional de Demografía y Salud (Profamilia 2000), el 84% de los adolecentes entre 11 y 15 años asiste a la escuela, en comparación con el 42% entre 16 y 20 años y el 20% de 20 a 25 años. La población urbana entre 18 y 24 años tiene una tasa de escolaridad del 32% mientras que la población rural la tiene de 10.3% lo que significa que por cada tres jóvenes en la ciudad apenas hay uno en el campo" (La juventud colombiana…). Se desprende de estas estadísticas que la educación que recibe el colombiano promedio es solamente básica; vemos, según las estadísticas, que a medida que se avanza en edad se disminuye en preparación académica, mal

este que origina el desempleo que en el año 2010 en Colombia "…
fue de 14.6%... siendo este año la más alta en los últimos 72 meses
según el DANE[14]" (Sepúlveda).

5:1 *"La sierra": Como un filme brutalmente violento por la realidad que encierra*

Edison es un personaje real que se desempeña como jefe paramilitar del Bloque Metro en la comuna en la que vive y que le da nombre al filme "La sierra". Este joven expresa que: "Disparar un fusil es algo que se siente como un logro… una meta". La tarea de este joven de solo 22 años es defender a la comuna en la que viven sus familiares y parceros, defensa esta que se hace contra el grupo guerrillero ELN. Este es un joven que declara: "Gracias a Dios he sobrevivido a esta guerra de siete años… Yo estudiaba, pero era fascinado con las armas… Poco a poco abandoné los estudios". Esta triste realidad que abrazó a Edison, y que lo impulsó a matar para poder vivir, le creó una mentalidad que, como él expresara: "Uno nunca debe pensar en el perdón". Sin perdón no hay paz, como vemos entonces, la paz no es la estructura que fundamenta la vida en "La sierra". Así como Edison, hay otros seres que crecen con ideas de venganza y sólo se guían por el instinto de supervivencia y, por ende, defienden la vida con la vida.

---

14   DANE: Departamento Administrativo Nacional de Estadísticas.

La primera imagen que muestra esta película de la violencia en Medellín es la de una madre que llora desgarrada por el dolor de haber perdido al padre de sus hijos. Este filme veraz se lleva a cabo en un barrio del bajo mundo de Medellín: La Sierra, situado en una ladera de "Medallo", como ellos le llaman al Medellín de los cerros. Otro personaje importante y conmovedor es Cielo: una dulce joven a quien la guerrilla le mató a su hermano, dolor este ahondado por ser los guerrilleros también sus primos hermanos. Vemos aquí cómo las familias se matan entre sí y cómo se pelean los de aquí y los de allá: "Los de allá matan a los de acá y los de acá matan a los de allá por que no son de aquí". Estas expresiones, que se repiten en el filme, hacen inevitable pensar que estamos ante un hombre que, al igual que el animal, olfatea y marca territorio sin tener en cuenta los lazos de consanguineidad que deberían mediar y tomarse en consideración antes de matar. A los quince años, Cielo queda viuda y su hijito, de sólo dos años, dice que matará a los que mataron a su padre: Sergio Oliver. Nos estamos enfrentando al engendro de una mente y un alma criminal que, en cuestión de algún tiempo, cumplirá con esa "meta" que sentirá como un "logro" tal como decía Edison.

Jesús es un joven de 19 años, también miembro del Bloque Paramilitar que está bajo la comandancia de Edison. "Yo me salí de estudiar llegando solo a 11... no sé, no sé qué pasó, mi vida de repente, como que mi mundo dio un giro al revés y no me explico en qué momento me volví así tan, tan acelerao... tan loco". La nostalgia de este joven se refleja en su mirada triste, su sonrisa es el esbozo de un alma de niño con ansias de protección que no olvida cómo una noche decembrina, jugando con un petardo, este le arrancó la mano.

Jazmín es una niña de 16 años que está embarazada y que dice: "Las mujeres pelean por el hombre... El hombre no respeta a las mujeres... El julle del chispero que ellos arman". Como vemos por las expresiones de esta niña, en ella se encarna la sumisión que le es propia a la niñez, la idea que ella sostiene de los hombres revela una desventaja con respecto a estos, que ella asume de forma natural como si el destino de la mujer fuera aceptarlo todo. Primero, según ella, hay que ganarse al hombre después de pelearlo, luego aguantar sus irrespetos y, por último, soportar y enfrentar la huida y el desamparo al que estos la someten.

Yurami, de 14 años, dice: "El vicio, las armas... no sé... no tengo futuro". La confusión de Yurami no le permite evaluar realmente su vida, su edad es tan corta que despierta una gran tristeza. Ella tiene una expresión pobre, lacónica, que porta la verdad de una niña que no ha tenido nada y que, a falta de soportes para desarrollarse adecuadamente, solo vislumbra oscuridad en el vacío enorme que la rodea. Yurami nos arranca las lágrimas que ella no puede llorar.

Carlos es otro personaje que, al igual que los anteriores, es real. Él se encuentra en una cárcel en la que teje el sueño de irse con su novia y su pequeño niño y empezar una nueva vida. A este joven lo matan sin darle la oportunidad de cristalizar su anhelo. Como aseveró Jesús: "uno ya esta tan caliente que uno ni siquiera piensa en el futuro". Si confrontamos este último pensamiento con el de Carlos, concluimos que, en La Sierra, no tiene caso ilusionarse.

Finalmente, en un febrero, el Bloque Norte derrotó a los guerrilleros vecinos del ELN en una operación conjunta con otra fracción paramilitar llamada Cacique Nutibara y así, por primera vez, La Sierra estuvo en paz; una paz que con el paso del tiempo se empezó a agrietar porque los paramilitares del grupo Cacique Nutibara empezaron celosamente a marcar territorio, originándose con ello, nuevamente, un conflicto de poder. Su comandante paramilitar, Edison, refiriéndose a esta guerra, decía: "No me gusta, esta guerra está muy dura… recordar los momentos… es como mirar al pasado… será que este es el destino mío, luchar por lo que es mío y lo que no es mío". Así mostraba Edison su desesperanza al observar el recrudecimiento de la guerra, en este caso, por motivos internos entre dos grupos paramilitares, que ahora luchaban por poder.

La descomposición y el desequilibrio en la vida de Edison, Jesús, Jazmín y Yurami son reales. Todos ellos fueron allanados en sus humildes casas, en sus pequeñas habitaciones o simplemente un micrófono los interpeló en la calle. El material que recogió una cámara y los entrevistadores de estas vidas fueron unas realidades que hacen de este filme una vivencia única de la violencia que se vive en Colombia, las imágenes que muestra esta película ensanchan la conciencia del espectador quien tiene que enfrentar una espeluznante denuncia que asiste al holocausto de hombres, mujeres y niños que diariamente viven inmersos en una guerra que aparenta no tener final. "La sierra" es una película que destapa el fenómeno de la violencia de manera valiosísima, pues quienes la representan no están actuando ni interpretando un papel o tomando una postura ideológica; todos los personajes son reales, son jóvenes quienes accedieron a abrir su hábitat y mostrarlo tanto en lo material como en lo emocional, social, etc. "La sierra" como película nos muestra cómo se acunan las mentes criminales, cómo se desarrollan y se reproducen dejando así muy poco espacio a la esperanza para que este mal sane.

En la película se nuestra cómo, hace ya 16 años, mataron al abuelo de Edison y todos sus tíos abuelos se convirtieron en asesinos en el afán de vengar la muerte del padre. Así, el papá de Edison crece en un ambiente de rencor y venganza; empieza a beber, bebe para olvidar pero su pensamiento lo mortifica. Un buen día se acerca a Dios y aprende a vivir confiando en su ayuda y protección. Don Jairo pasa a ser un buen cristiano y llega a pastor de una iglesia. Cuando Edison muere a manos del gobierno en una emboscada, su padre, don Jairo, se da a la tarea de reunir todos los domingos a los ocho hijos de Edison. Las madres de estos niños, exhortadas por el abuelo, deciden hacerse amigas y se prometen mantener una relación cercana entre los hermanitos para que así crezcan en "familia" perpetuando al "padre" que les dio la vida.

El trabajo que Edison realizó fue un trabajo de mártir; primero, él defiende su comuna del acoso de la guerrilla, y luego debe defenderse de sus "amigos", ahora enemigos, ya que el enfrentamiento entre el Cacique Nutibara y el Bloque Metro, ambos grupos paramilitares, es sólo una lucha de poder. A la muerte de Edison, sucedió el abandono del Bloque Metro, y quedó el Cacique Nutibara como el único grupo que combatía toda la actividad paramilitar de Medellín. Tiempo después, el Cacique Nutibara negoció un acuerdo de paz con el gobierno colombiano en un intercambio en el cual sus miembros paramilitares entregaron sus armas a cambio de una amnistía: "El 25 de noviembre de 2003 los telespectadores de Colombia presenciaron cómo más de 860 paramilitares pertenecientes al Bloque Cacique Nutibara de Medellín, entregaban sus armas en una ceremonia evidentemente preparada delante de dignatarios colombianos y extranjeros" (Amnistía Internacional).

El desarme voluntario del grupo Cacique Nutibara es considerado un pequeño avance entre las negociaciones de paz exitosas alcanzadas por el gobierno colombiano, y decimos que es pequeño este avance, si tenemos en cuenta que este país se halla aún a la merced del conflicto que generan los paramilitares, los guerrilleros y el narcotráfico quienes unidos solidifican una gran desesperanza ante una problemática de múltiples orígenes y fatídicas connotaciones como es la violencia en Colombia. Los niños sin padres, la prostitución como único trabajo posible para las mujeres, la deserción escolar, la necesidad de matar para sobrevivir, entre muchos otros, son aspectos que "La sierra" muestra como sinónimos de desgaste en una sociedad que evidencia el gran mal de la violencia; violencia que, repetimos, no es causa sino un síntoma.

VI.   *Conclusiones generales*

En esta conclusión se anexa un cuadro comparativo (Apéndice A) que hace un paralelo entre literatura y cine y la forma en que estas dos artes abordan el tema de la violencia. Los aspectos analizados en este cuadro están categorizados así: aspecto histórico-social y económico, aspectos socio-culturales: La familia, la religión y el lenguaje, tipo de violencia, y soluciones al fenómeno de la violencia. El objetivo de este cuadro comparativo es exponer la forma en que estas obras literarias y el cine, que se desprende de ellas, han enfocado el fenómeno de la violencia en Colombia.

La violencia en Colombia, por las connotaciones que tiene a lo largo de la historia socio-política del país, no dejará de ser un hecho histórico de alta relevancia que se caracteriza por la falta de unidad al crearse una república (1.886) que de antemano está fragmentada desde el inicio con dos partidos políticos que desde sus comienzos se enfrentan constantemente, como hemos expuesto antes.

El desamparo peligroso, al que el gobierno colombiano somete al campesino, es el que va dando origen a las manifestaciones violentas de estos. Vemos en el transcurso de la historia el nacimiento de líderes campesinos que asiduamente piden la atención del gobierno y que enfrentan la triste realidad de no ser escuchados. Cuando al campesino se le obligó a dejar sus tierras, se les violaron a sus mujeres y se le destripó fue cuando este campesino se envainó el machete, se marginó, subió por las laderas de Medellín y una vez allí en los cerros, desarraigado, desprovisto de sentimientos, sin madre, sin esposa y sin hijos, almacenando rencor, se convirtió en el ser más peligroso. Hombre que ya no era liberal ni conservador, sino el ladrón, el pillo, el atracador, el sin oficio ni estudio, el de la "cara sucia" que bajaba de la sierra para robar y encolerizado por el hambre y la frustración, y sin mediar el razonamiento, amargado y aburrido, empezó a matar. En un artículo de Laura Restrepo[15] titulado "La cultura de la Muerte", y publicado en la revista *Semana* el 26 de marzo de 1990, la autora expresa que hay una generación de colombianos que no saben que es posible morirse de viejo y textualmente dice: "El conservador mataba al liberal, o el guerrillero al soldado. Pero según la nueva modalidad del crimen, se mata a cualquiera, sea amigo, enemigo o neutral, por odio o por amor, por dinero, por sacudirse el aburrimiento, por equivocación o porque sí" (Restrepo). Efectivamente, el hecho de matar se ha inmiscuido en la sociedad, creando en ella unas bases culturales diferentes en lo que atañe al porqué se mata; anteriormente, vengar el honor ya fuera por adulterio o por defender la honra de una hija, el hombre mataba. Hoy en día, se ha dado paso al acto de matar por matar, lo cual indica un aspecto cultural nuevo que exige una difícil adaptación psicológica para los colombianos y este fenómeno se ve muy bien reflejado en *La virgen de los sicarios*.

Cuando Jorge Eliecer Gaitán, que es un joven abogado nacido en una familia humilde y quien, sensibilizado ante la proble-

---

15   Escritora, periodista, ex guerrillera, fue nombrada por el presidente Belisario Betancur miembro de la comisión negociadora de paz entre el gobierno y la guerrilla M-19. Actualmente, es considerada como una de las mejores escritoras en América Latina.

mática del campesino, escribe una reforma agraria que amenaza con desnudar la corrupción de la élite y que promete al pueblo colombiano ponerla en práctica a partir de su elección, la cual estaba prácticamente asegurada, es vilmente asesinado un 9 de abril de 1.948, registrándose en la historia colombiana este hecho violento con el nombre de El bogotazo[16]. De ahí en adelante, lo que sigue es un periodo largo de enfrentamientos deshumanizados entre liberales y conservadores, fenómeno este ya estudiado y que se denomina Época de la violencia.

Siguiendo cronológicamente la historia de Colombia, encontramos que en el año 1.953, el entonces dictador General Rojas Pinilla, quien a pesar de haber creado una amnistía con el fin de lograr un cese al fuego entre los grupos armados, no tiene éxito y es obligado a abandonar el gobierno. Acto seguido, nace el llamado Frente Nacional que pretendió y de hecho mitigó la tensión entre los partidos políticos tradicionales ya que durante este periodo hubo una perfecta alternabilidad bipartidista que, aunque satisfacía los intereses individuales de los partidos, no así los del campesino y las gentes del pueblo quienes dieron paso al nacimiento de las guerrillas. Este hecho se ve registrado en *La mala hora* de Gabriel García Márquez,

---

16   El 9 de abril de 1.948, ante la cólera y la rabia de los bogotanos por el asesinato de Jorge Eliecer Gaitán, los ciudadanos, enceguecidos y frustrados, arrasaron la ciudad de Bogotá destruyendo más de 146 edificaciones y dejando un saldo de más de tres mil muertos. Un frenesí de violencia que sacudió los cimientos de la capital colombiana y que se conoce con el nombre de El bogotazo.

mostrándonos, la circulación de una propaganda subversiva dentro del pueblo, que denota, además, la restricción de la libertad de prensa propia de la dictadura que es el régimen socio-político en el cual la novela se halla insertada. Gabriel García Márquez fue el escritor colombiano que, a edad temprana, vislumbró y anunció de alguna forma, en *La mala hora,* la violencia que se veía venir: "Ahora es distinto- explicó el alcalde-. El nuevo Gobierno se preocupa por el bienestar de los ciudadanos. ... La mujer le interrumpió. -Son los mismos con las mismas... Estamos tratando de hacer un pueblo decente. ... -Éste era un pueblo decente antes que vinieran ustedes. ... "Desagradecidos –dijo-. Les estamos regalando la tierra y todavía se quejan." La mujer no replicó. Pero cuando el alcalde atravesó la cocina, en dirección a la calle, murmuró inclinada sobre el fogón: -Aquí será peor. Mas nos acordaremos de ustedes con los muertos en el traspatio" (García Márquez 79 - 80)[17]. El rencor de esa mujer, del pueblo de *La mala hora,* vaticinó la acción de los ciudadanos víctima de la injusticia y del congelante desdén con que ha sido tratado el pueblo colombiano.

Las dos obras de García Márquez estudiadas en este trabajo nos enseñan una literatura que ha ido paralela a la historia, en la que podemos observar el preludio de la guerrilla como un grupo que se forma inicialmente por campesinos descontentos, maltratados y

---

17   *La mala hora.* Random House, Inc. Segunda edición en U.S.A.:Mayo, 2009.

abusados en sus derechos. "Dicen que levantaron el entablado de la peluquería, por casualidad, y encontraron armas. La cárcel está llena, pero dicen que los hombres se están echando al monte para meterse en las guerrillas" (García Márquez 207). Este pensamiento está expresado en el último párrafo de *La mala hora*, lo que corrobora que esta obra literaria, escrita en 1.962, recoge el hecho histórico del inicio de la guerrilla, movimiento que alcanza su esplendor una década después.

Tras una serie de factores de todo orden, se anexa a esta guerra ideológica (guerrillas) el fenómeno del narcotráfico, que obedece a un "subgobierno" creado por un negocio que es muy rentable y que con su poder (dinero) se filtra a todos los estamentos de una sociedad débil en su estructura, acostumbrada a un discurso moral doble, sostenido muchas veces por el orgullo y la buena moral de ciudadanos honestos que como el coronel en la obra de García Márquez, se sostienen incólumes, inquebrantables y fieles a lo que representan en la sociedad. *El coronel no tiene quien le escriba* emplea un discurso que representa esta doble moral, además de representar el abandono al que el gobierno colombiano somete a sus ciudadanos. Estos son expropiados de sus derechos ganados incluso después de haber expuesto sus vidas por la patria, tal es el caso del coronel. También, al hablar de doble moral, tenemos que hablar de los ciudadanos que, no siendo honestos como el coronel, representan en la sociedad una imagen de prestancia: jefes militares, alcaldes, ministros y presidentes que, ganados por la ambición de poder, aceptan dinero sucio para ganar posiciones políticas.

Las ciudades de Bogotá, Medellín, Cali y Barranquilla, entre otras, son las capitales de Colombia más golpeadas por el narcotráfico y entre las que se ha registrado la mayor infiltración de estos dineros en el área política. Concretamente, en Medellín, durante los años 70s, 80s y 90s, tres décadas de vital crecimiento del narcotráfico, encontramos que es allí, en la capital del departamento de Antioquia, donde se registra el más grande escándalo que los movimientos de este dinero, venido del narcotráfico, pudieron suscitar. Con el máximo líder narcotraficante que se haya registrado en la historia: Pablo Escobar, se siembra en esta ciudad el terror, el odio, la muerte y la venganza que cosecha el pan de cada día de los colombianos. Este líder narcotraficante extorsiona, mata y secuestra, pero al tiempo somete a los estamentos gubernamentales a su voluntad, al proporcionarles dinero para campañas electorales a los políticos, como el ya investigado expresidente Ernesto Samper (1.994 – 1.998) quien es acusado de recibir seis millones de dólares para financiamiento de su campaña presidencial como se demostró durante el Proceso 8000[18]. Paralelamente a esta investigación se encuentra la

18   Nombre con el cual se conoce el proceso judicial que se emprendió contra

de Fernando Botero, famoso pintor y escultor colombiano, quien es involucrado en el escándalo de enriquecimiento ilícito.

Los narcotraficantes como Pablo Escobar y Rodríguez Gacha[19] se inmiscuyen, como hemos visto, en acciones que claramente desafían la eficiencia y la eficacia de un Estado para promover y legislar normas que realmente tengan el propósito de procurar una verdadera justicia, ya que si los mismos presidentes tienen un "compromiso" con los narcotraficantes es lógico suponer que van a estar al lado de una ley débil y deficiente que impedirá acabar con el mal desde su raíz.

Es evidente que la desprotección que los sucesivos gobiernos en Colombia han mostrado hacia las clases sociales menos favorecidas ha arrollado consigo el gran mal de la violencia y han dejado toda la responsabilidad de protección a los ciudadanos, a la virgen María Auxiliadora, a San Judas Tadeo o a la oración del Santo Juez: "Si ojos tienen que no vean", es decir, el sicario le está pidiendo al santo Juez ceguera para los enemigos y así el cometido resulte un éxito. "Si manos tienen que no me agarren y si pies tienen que no

---

el Presidente de la República de Colombia, Ernesto Samper, bajo la acusación de recibir financiación del narcotráfico para su campaña presidencial. A pesar que este número se limita exclusivamente al número del expediente, los medios de comunicación lo convirtieron en un eslogan. Tras esta investigación se condenaron a prisión congresistas y ministros.

19   Gonzalo Rodríguez Gacha, narcotraficante colombiano conocido como el Mejicano, perteneciente al cartel de Medellín, creó los "Sábados patrióticos", día en que sus colaboradores repartían comida a las gentes más necesitadas de Medellín.

me alcancen". "No permitas que me sorprendan por la espalda, no permitas que mi muerte sea violenta, no permitas que mi sangre se derrame". En esta rogativa hay plena conciencia del peligro en que se vive y se conoce perfectamente el desenlace. Esta oración hace parte de una cultura religiosa que, indiscutiblemente, ha trasladado lo tradicional a lo necesario porque ha tomado una oración que es tradicionalmente conocida en la religión católica y la ha adaptado a la necesidad que tienen estos jóvenes de sobrevivir.

Los escritores y cineastas en Colombia han tomado este evento para escribir literatura que luego recrean en el cine, cuyo objetivo principal ha sido plantear una denuncia, establecer una crítica para finalmente entablar un importante diálogo de interpretación que se inserta en el análisis que hace una conciencia ya más sensible al haberse expuesto a una realidad, desprendiéndose de todo esto un beneficio y sustrayendo una utilidad que merece un reconocimiento a todos estos intelectuales que de una u otra forma han sido capaces de comunicar al mundo un hecho escabroso como es la violencia que se vive en Colombia. Como ya hemos expuesto antes, son numerosas las explicaciones que se extienden con el afán de aclarar sus causas y sus consecuentes males. La abundante opinión literaria que se genera a raíz del fenómeno, y la exposición que se hace de las mismas en el cine, es una expresión de conciencia de quienes se sienten responsables de interpretar y exponer sus ideas ante el hecho que le roba la tranquilidad y la vida a las gentes de Colombia sin distinciones de edad, sexo, religión, ideología, profesión, etc.

La literatura colombiana, año tras año, ha ido incorporando cada vez más la historia, de una realidad social que es compleja desde sus orígenes, pasando por diferentes cambios y metamorfosis que con el paso del tiempo adquirieron el tamaño de un problema gigante llamado violencia, fenómeno que hemos venido estudiando a través de tres autores colombianos: García Márquez, Vallejo y Franco quienes exponen a través de sus obras literarias, que luego llevaran al cine, el fenómeno de la violencia y mostrando la complejidad del mismo. En *El coronel no tiene quien le escriba* García Márquez dibuja la causa de la violencia desde la desprotección del Estado colombiano hacia sus ciudadanos al privarlos de sus derechos (El coronel espera más de 15 años para recibir una pensión militar que nunca llega). Este ciudadano y su familia se ven reducidos a la miseria, carecen de alimentos, vestido y la atención médica que reciben es gracias a la regalía que se desprende de su título como coronel, afianzándose en este discurso la doble moral en la que todos participan tratando de guardar las apariencias y resistiendo. La violencia que se avecina está representada en un gallo de pelea que el pueblo alimenta y que indudablemente fue de ese maíz del que germinó *La mala hora,* obra que denuncia el nacimiento de la guerrilla como un grupo venido del pueblo que decididamente se enfrenta al Estado para reclamar y luchar por sus derechos. Como históricamente se puede comprobar, la pelea fue encarnada y el resultado es un periodo de violencia sumamente sangriento.

Estas dos obras del Nobel colombiano muestran la violencia en Colombia desde sus inicios y en ambas se responsabiliza al gobierno de ser el culpable de su origen. Hablando de una literatura mas contemporánea, encontramos que la ironía que el escritor Fernando Vallejo imprime a su relato, en *La virgen de los sicarios,* y que también se patenta en el filme, es una ironía que está más ligada al fenómeno social; sin embargo, hace hincapié en que es el gobierno el primer ladrón y el primer atracador de los ciudadanos: "El primer atracador de Colombia es el Estado" (Vallejo 45).

En esta obra literaria la violencia presenta al sicariato como un estilo de vida que es introyectado entre la población trabajadora activa: los jóvenes de Medellín, y se muestra a Pablo Escobar Gaviria como "El patrón" que lidera ese trabajo y que da oportunidad a una movilidad social que ofrece "seguridad" y "avance" a las familias de clase sociales media y baja, usurpándose de esta manera la obligación que correspondería al gobierno colombiano de ofrecer seguridad a sus ciudadanos. En este punto, *El coronel no tiene quien le escriba* y *La virgen de los sicarios* se interceptan al denunciar coincidencialmente que el Estado no se hace cargo de sus ciudadanos.

Vallejo propone al sicario como un ángel exterminador y lo justifica como un ser necesario cuya función es "limpiar" y exterminar el mal, aspecto este que levanta una crítica desfavorecedora y que apunta a que este pensamiento lleva en sí una violencia.

Es indiscutible que el autor de esta obra intenta sacudir a una sociedad que acepta la impunidad bajo una indolencia y que tiene sus raíces en unas leyes débiles, insuficientes e ineficaces para aportar una solución verdadera. Vallejo encarna en Alexis a un sicario al que él llama "ángel exterminador" y a quien él le aplaude sus acciones porque según él está cumpliendo con una misión. Vallejo se presenta aquí con un gran pesimismo que no da posibilidad a la reivindicación de este mal.

La marginalidad que Vallejo expone en *La virgen de los sicarios* es amplia en el aspecto psico-social y económico en que la plantea, ya que el autor, no conforme con exponer el fenómeno del sicariato, incluye además el de la homosexualidad, aspecto este último que sirve de enlace entre dos clases sociales muy diferentes: la más baja (Alexis) y la más alta (Fernando) no siendo precisamente el amor lo que las une sino la inconformidad de ambos extremos de la sociedad: Fernando se presenta como un papá que soluciona necesidades básicas a los jóvenes, dándoles comida, ropa y electrodomésticos; también Fernando mitiga una necesidad psico-afectiva en estos jóvenes ya que con su paternalismo y apoyo ante las actividades ilícitas que estos despliegan, él está suplantando al padre que no existió. En este punto, el sicariato y la homosexualidad, no teniendo relación, se alinean en un mismo renglón antisocial e inaceptable que al confrontarse con la opinión de los lectores y espectadores de la obra crea un rechazo.

El lenguaje es un elemento muy importante tratado en esta película como un elemento de pérdida y de desconexión entre lo tradicional y lo actual. El autor recalca que hay una decadencia en el uso del castellano, aspecto este que se presenta también como divisorio en una sociedad en la que ya no es posible acomodar más detrimento.

Con respecto a *Rosario Tijeras*, la obra y la película se centran más en el fenómeno de la división de clases sociales y la dificultad existente para empalmar vidas cuyos orígenes son opuestos y que es quizás solo el amor el hilo que podría crear esta unión. Rosario Tijeras representa a una sicaria mujer adornada con unos elementos humanos como son la tristeza, la violación, el abandono, etc., que suavizan el acto de matar y colocan el sicariato como una consecuencia de víctimas inocentes que matan para defenderse y sobrevivir. Estas circunstancias hacen que el público cree una empatía hacia la mujer sufrida y "perdone" su ingreso al narcotráfico por representar este una manera de ganarse la vida. En esta obra se muestra constantemente el lado humano del sicario y se denuncia a un país que ha permitido ahogarse por décadas en el horrendo mal del narcotráfico y que antes que atacarlo lo propaga cuando lo deja como única opción para el sustento de la familia. Con respecto a las películas de *Rosario Tijeras* y *La virgen de los sicarios,* ambos productores, Maille y Schroeder, rodean al sicario de una serie de elementos psicológicos con los que pretenden, continuamente, conseguir el apoyo del espectador; sin embargo, es en *Rosario Tijeras* donde este objetivo se alcanza plenamente convirtiéndose en la segunda película más taquillera del cine colombiano: "Desde el 2003 dos son solo las películas que han alcanzado más del millón de espectadores, según cifras del Ministerio de Cultura. La película *Soñar no cuesta nada* (2006), de Rodrigo Triana, cuenta con un récord de 1.198.172 personas que la vieron, y en segundo lugar se encuentra *Rosario Tijeras* (2005), dirigida por Emilio Mallé, con una cifra de 1.053.030 espectadores" (Giraldo Herrera n.pag.).

La empatía que *Rosario Tijeras* cobra (obra y película) se

debe al empaque revestido de romanticismo en que se introduce la obra literaria y el manejo que se le da a esta cuando es llevada a la pantalla. Como expusimos antes, la aceptación fue total. A pesar de que *La virgen de los sicarios* cuando fue llevada al cine tuvo el mismo tratamiento cuidadoso (suavizó escenas homosexuales, al no presentar el acto sexual completo y barnizó algunos diálogos), no logró la película la aceptación del público, equiparándose con el fenómeno de rechazo que también causó la obra literaria. Tratando de hacer un análisis imparcial, podemos decir que el discurso crudo, cínico e irónico, que destila mucha verdad, golpea a una sociedad que se caracteriza por la doble moral y que centró la amenaza del escritor Vallejo en un supuesto rechazo que este expresó a la tierra colombiana, renegando el ser hijo de ella, yendo incluso mucho más lejos cuando despotrica del ancestro étnico (español). En este ambiente, Vallejo no tendría justificación, pero si profundizamos en su denuncia podemos observar que él encarna a un culpable, a un ser que no tiene tinturas ni dobleces, que se inmiscuye en la sociedad sin ocultar "los defectos" que esta tiene (la homosexualidad) y tomando este aspecto propio, porque esta obra suya es una autobiografía, él declara a toda una sociedad culpable y él no se exonera. Esta componenda ideológica se enmadeja de tal forma que exige un trabajo cuidadoso de alta profundización que el común de las gentes no va a realizar.

En el plano psicológico, tanto *Rosario Tijeras* como *La virgen de los sicarios,* ponderan la figura masculina de Pablo Escobar y le asignan el rol de patrón (jefe del estado) y el de papá (proveedor). En el documental *La sierra*, es la realidad sobre la que se postula todo el mensaje. Aquí lo más impresionante no es lo que se narra si no cómo se narra. Este cómo es de un impresionante valor, porque no hay nada preparado de antemano, no hay libretos; es sencillamente una realidad que produce pánico, ese pánico no se desprende del muerto ni de la sangre que corre, sino de las miradas indolentes, del frío, de la sevicia que cierne al rencor, un sentimiento sin dolor ni lágrimas, que estremece y nos hace pensar que el amor y la muerte son una mixtura que se funden en un lugar de los cerros de Medellín llamado La Sierra.

Colombia es un país, como ya vemos, conocido por el flagelo de la violencia, pero sería injusto no dar a conocer los grandes esfuerzos que, sobre todo en los últimos años, el gobierno colombiano viene desplegando para hacerle frente al mal de la violencia. "En Colombia se ha avanzado significativamente en la expedición de normas y herramientas procedimentales, planes, programas y proyectos institucionales que buscan y promueven proteger los derechos de la primera infancia" (Más de 50 años en Colombia). El gobierno colombiano, unido al de los Estados Unidos, crearon una alianza para luchar en contra de las drogas llamada "Guerra contra las drogas", algunos de los lineamientos de esta alianza es que Colombia se beneficia con aportes económicos venidos de Estados Unidos y algunos países europeos para implementar programas cuya finalidad es combatir el tráfico de drogas. A pesar de estos programas Colombia sigue siendo el líder mundial en producción en cocaína con aproximadamente "el 70% total de la distribución mundial y el 90% del procesamiento" ("Informe sobre estrategia internacional antidrogas").

El Plan Colombia, llamado también Plan para la paz, la prosperidad y fortalecimiento del Estado, creado por los expresidentes Andrés Pastrana de Colombia y Bill Clinton de Estados Unidos (1999 – 2008), propone una estrategia militar para atacar los cultivos ilícitos a través de una sustanciosa asistencia militar para fumigar cultivos ilícitos y acabar con las plantaciones de coca utilizando el glifosato que, entre otras cosas, ha dado origen a denuncias por parte de los campesinos ya que esta sustancia es cancerígena. Desafortunadamente este plan ha fracasado ya que el campesino colombiano se ha ido desplazando cada vez más a lugares recónditos en la selva para asegurarse de que su cultivo le producirá lo necesario para el alimento y sostén de sus hijos. "La coca es un grave factor desestabilizador, que mantiene armados a los rebeldes colombinos e impide el progreso del país... después de casi 10 años los esfuerzos realizados con ayuda de los Estados Unidos para disminuir la producción en Colombia ha sido un fracaso... el cultivo de coca creció en un 15% entre los años 2000 y 2006, según un informe hecho público por la Oficina de Cuentas del gobierno estadounidense en octubre del 2008. Otro estudio realizado por la ONU ha descubierto que, solo en el 2007, la extensión de tierra dedicada a este cultivo aumentó a un 27%." ("Aumenta la...").

Estos informes son desmoralizadores y apuntan a la conclusión pesimista que abandera la obra de Fernando Vallejo *La virgen de los sicarios* en la que se repite una y otra vez que este problema no tiene solución. Cabe aquí anotar que la crítica que este autor colombiano ha recibido ha sido fuerte y desfavorecedora pero debemos aceptar que, aunque no compartamos los sistemas que él propone, como es el exterminio por medio de la cianurización del agua, sin ser tan radicales, sí debemos aceptar que hay mucha verdad en lo que él expresa.

En este momento podemos asegurar que la violencia en Colombia no procede de una guerra ideológica como fue la guerra que generó la lucha de partidos políticos y los diferentes grupos guerrilleros; hoy en día la guerra está centrada en una violencia cuya fuerza está concentrada en el narcotráfico, que es originado por la suplantación de este a un renglón de la economía: el de la agricultura. La falta de atención del estado hacia el campesino con una política agraria que siempre lo ha marginado, le abrió la puerta al cultivo de la marihuana, y al de la cocaína después, erosionando así toda posibilidad para que el campesino sembrara papa, yuca, café, etc., y convirtió a este en el campesino sembrador de terror, miseria y desgracia para la humanidad. Las drogas en su proceso de siembra, recolección, empaque, exportación, distribución y consumo es el negocio más rentable del mundo y el que desencadena el desmembre más cruel de la humanidad. Es Colombia el país de mayor producción y son Estados Unidos y Europa los mayores consumidores.

Como se ha expuesto en este trabajo de investigación, la violencia en la literatura y el cine colombianos muestra que hay una interrelación de denuncia que se hace muy fuerte sobre el fenómeno estudiado. Es como si estas dos artes se hubieran puesto de acuerdo para revelar las desdichas que flagelan y agotan la vida en Colombia cuya historia duele escribirla ya que sus raíces han acumulado muchas malas horas en un país que tiene muchos coroneles que no tienen quien les escriba; anegándose así las esperanzas de quienes como Rosario Tijeras no han encontrado más opción que matar encomendándose a la virgen de los sicarios.

Apéndice A

Análisis comparativo entre literatura y cine y la forma en que, *La mala hora, El coronel no tiene quien le escriba, La virgen de los sicarios, Rosario Tijeras* y *La Sierra*, abordan el tema de la violencia.

ASPECTOS ANALIZADOS	*El coronel no tiene quien le escriba* (La obra: 1961; La película 1999) y *La mala hora* (La obra 1962; La película: 2004) de Gabriel García Márquez	*La virgen de los sicarios* (La obra: 1994; La película: 2000) de Fernando Vallejo	*Rosario Tijeras* (La obra: 1999; La película: 2005) de Jorge Franco	*La Sierra* (2004) de Scott Dalton y Margarita Martínez
ASPECTO HISTORICO-SOCIAL Y ECONÓMICO	*La mala hora* está ubicada en un período de post-dictadura del general Rojas Pinilla (1953 – 1955) y aquí se observa la represión y la falta de libertad de presa. Los pasquines son un elemento subversivo que muestra esta mordaza a la libre expresión del pueblo. La economía del pueblo está basada en el trabajo que realiza el hombre del campo (productos alimenticios). El más beneficiado en esta economía es el dueño de la tierra que oprime al campesino bajo el visto bueno del gobierno. Se muestra en la película el contrabando (mercado negro) entre Venezuela y Colombia. El patrón es el terrateniente o hacendado (latifundio). *El coronel...* narra la guerra civil y lo que quedó de ella, entre muchas otras cosas, los militares no reconocidos, desprotegidos que dio origen a una violencia que se aga-zapaba en el corazón de las familias que sufrían por el olvido del gobierno hacia los ciudadanos que habían expuesto su vida por la patria. La economía, en esta novela, se sostiene en el vacío; las familias sobreviven haciendo préstamos y empeñando sus pertenencias, el patrón es Don Sabas.	En *La virgen de los sicarios* se ubica en el apogeo de los carteles de la droga, 1994-1998, donde los carteles de la droga son una infraestructura muy bien organizada en cuatro principales ciudades de Colombia: Medellín, Cali, Bogotá y Barranquilla. En la película se muestra como el cartel de Medellín es el que domina la economía y la política de la ciudad. La economía en la familia está basada en el dinero que los hijos aportan a través del sicariato y del narcotráfico. También, hay satisfacción de ciertas necesidades básicas (ropa, comida, electrodomésticos) a través de la prostitución infantil. El patrón era Pablo Escobar quien al morir es remplazado por otros capos de la droga que dirigen diferentes carteles que tienen igual arraigo y poder.	La violencia de *Rosario Tijeras* está enclavada en el apogeo del "reinado" de Pablo Escobar (1976-1990), aunque la película se filma en el 2005. Pablo Escobar es presentado como un narcotraficante que ofrece alternativas de trabajo. Esta película muestra el enfrentamiento entre el gobierno y el pueblo, siendo el narcotráfico el elemento desafiante. El narcotráfico es el renglón básico de la economía. Se observa un desplazamiento en la economía agrícola causado por la siembra de la marihuana y la coca. El dinero se gana también a través del sicariato y la prostitución. El patrón es Pablo Escobar.	*La Sierra* está enclavada en la época del paramilitarismo en Colombia, movimiento este que surgió como autodefensa ante la deficiencia del ejército colombiano para defender a los ciudadanos de las acciones terroristas de los guerrilleros. Este filme tiene la peculiaridad de no ficcionalizar una realidad si no ser ella misma, convirtiéndose este hecho en un aporte de gran valor al revelar algunos aspectos de la violencia en Colombia. Los grupos paramilitares basan su economía en el auxilio que reciben del gobierno e importantes políticos y terratenientes quienes ven en estos grupos "la autodefensa". Más tarde, el narcotráfico empieza a subsidiar con armamento y dinero desenlazándose el sicariato como fuente de empleo que introducía dinero en la familia.

| ASPECTOS SOCIO-CULTURALES: LA FAMILIA, LA RELIGION Y EL LENGUAJE | En *La mala hora*, la familia es muy cerrada, lo que da origen a una doble moral en la misma. La familia vive diariamente el drama de hogares cuyos hombres son bebedores y mujeriegos. La religión es un elemento dominante que invita a la murmuración y a los mensajes socarrones (pasquines). Las mujeres son beatas y las que no, le son infieles a sus esposos y guardan "sus secretos" de infidelidad con recelo. La sociedad en general descansa sobre los preceptos religiosos y como consecuencia es el clero quien ejerce el mayor dominio sobre el pueblo. El lenguaje en esta obra es un lenguaje reprimido (anónimos), hay mucha ironía y lenguaje figurado.

En *El coronel*... las familias subsisten por prestamos y empeños (se empeñan articulos electro-domésticos).

Se observa un matriarcado en la familia; la mujer azuza al hombre a que se rebele y, al mismo tiempo ella, trata de guardar las apariencias, pero dentro de la casa le hace vivir al esposo un infierno, echándole en cara su ineficiencia para reclamar sus derechos.

La religión no parece tener un papel preponderante en la obra como sistema de dominio pero si interviene. | La familia está compuesta por la madre y los hijos; el padre de estos no aparece. Los hombres son irresponsables, los hijos crecen en la calle matando, robando y hundiéndose en la droga. La mamá, por lo general, tiene hijos de varios maridos, creyendo ella que esta es una opción para sostener a la familia.

En esta obra, la religión tiene un papel muy importante. La relación con Dios es fetichista; la tradición católica se mescla con las necesidades de supervivencia y se da origen a un sin-cretismo religioso cargado de una doble moral donde matar y rezar se conjugan en una misma acción. Hay una constante transgresión a las normas religiosas tradicionales: se fuma marihuana en las iglesias, se coloca música estridente en los cementerios y a los muertos se les pasea por toda la ciudad visitando los lugares favoritos de estos. El lenguaje es soez, repetitivo y defor-mado, se usa el "Parla-che" que es un lenguaje de uso extendido en Colombia entre quienes practican la violencia. | La familia está representada por una sociedad donde reina el "madresolterismo"; la prostitución es un trabajo sobresaliente entre las mujeres que lo han incorporado a su estilo de vida, también estas sobreviven gracias al dinero ganado por el narcotráfico. Los hombres están ausentes de sus hogares y no se hacen responsables de sus hijos; abandonan a sus esposas y se dedican a ser sicarios, a bailar, tener mujeres y suelen tener una vida muy corta.

La relación con Dios es también fetichista, los escapularios y las oraciones juegan un papel importante en la vida del sicario. Se muestra un rito muy importante: el rito de las balas rezadas, y encomendarse a los santos, especialmente a San Judas Tadeo, es primordial antes de ir a matar.

El lenguaje es soez y violento; también se observa el uso del "Parlache". | La familia irónicamente se presenta unida a pesar que el hombre desempeña un papel de sicario, asunto que le obliga a alejarse de la casa y a no regresar, probablemente, jamás pero la diferencia estriba en que este abandono se genera por la "obligación" de defender a la familia y a la comunidad en que vive. El hombre reconoce a sus hijos a pesar que tiene muchas mujeres. Trata de suplir las necesidades económicas básicas del hogar.

La religión se presenta como lo tradicional que caracteriza a lo católico y cristiano; hay una verdadera fe en que Dios transforma y da oportunidades a los seres para que sean diferentes y se conviertan en impulsores del bien; los valores del perdón y el amor están bien insertados en la familia.

El lenguaje se caracteriza por una expresión lacónica, pobre y triste, los gestos dicen más que las palabras. En los diálogos hay una profundidad natural que permite reconocer fácilmente los sentimientos de quienes hablan; también se emplea lenguaje soez y se usa el "Parlache". |
| TIPO DE VIOLENCIA | En *La mala hora* hay una denuncia colectiva y los pasquines son una forma socarrona de expresarse.

En *El coronel*... la violencia desciende del Estado hacia los ciudadanos usurpándole sus derechos, sometiéndolos al hambre y dejándoles como única salida la resistencia. | La violencia es verbal, física y psicológica, cuyas principales víctimas son las mujeres y los niños. | El narcotráfico es el generador de la violencia física y del abuso de menores, droga y alcohol.

También, se observa un tipo de violencia como defensa personal, que es la que ejerce Rosario cuando capa al joven que intenta violarla por segunda vez. También, hay una violencia auto-destructiva, que se presenta cuando Rosario se auto-lacera después de matar, también ingiere comida compulsivamente. | La violencia se presenta como un mecanismo de defensa y como una lucha de poder. El paramilitarismo, concretamente en Medellín, se presenta como una violencia de tipo grupal donde todos se defienden: "Se defiende la vida con la vida". Aquí la violencia, ante todo, es ideológica. |

SOLUCIO-NES AL FENOM-ENO DE LA VIOLENCIA	En *La mala hora* no hay solución porque en esta obra se anuncia el inicio de la guerrilla y lo que se observa es que el pueblo está acumulando un rencor. En *El coronel...* se ve claramente que el pueblo está resistiendo la desprotección del Estado, y el autor de la obra muestra a un gallo de pelea que bien podría estar insinuando una invitación al pueblo para que este se lance al ruedo y, al igual que el gallo, pelee ferozmente por sus derechos. Tengamos en cuenta que este gallo vive en la casa del coronel y que es alimentado por "los muchachos" quienes bien podrían estar representando al pueblo.	En *La virgen de los sicarios* no hay esperanza de cambio. Todo está perdido. La violencia es tan enorme que se presenta bajo un genocidio total. La cianurización del agua como solución a la pobreza que genera la violencia es una propuesta desesperanzadora que, antes que dar solución, se involucra como una violencia más.	El vacío que se observa en la propuesta contra la violencia, en *Rosario Tijeras,* viene dado por el no cumplimiento a que sería el amor el único elemento que podría allanar las diferencias de clase social, de educación, de ubicación física en una misma ciudad, etc., sin embargo, esta propuesta es nula ya que el amor que vence no es el verdadero y la esperanza de una igualdad muere. La fragmentación que coexiste en Rosario Tijeras, la mujer, está tan quebrada que le impide a ella reconocer la pureza del verdadero amor.	En *La Sierra,* la solución que se plantea son los acuerdos de paz, entrega de armas por parte de los paramilitares para ser acogidos bajo amnistias cuyo objetivo es reinsertar a los combatientes paramilitares, guerrilleros etc. brindándoles oportunidades de rehabilitación. Hemos de anotar que tiempo después de haberse concretado un acuerdo de paz entre el paramilitarismo de Medellín y el gobierno colombiano, la violencia en la zona de La Sierra recrudeció por el enfrentamiento, ya no entre paramilitares y guerrilleros si no por la lucha de poder, entre dos grupos paramilitares.

Apéndice B

División política y geográfica de Medellín

Comunas de Medellín

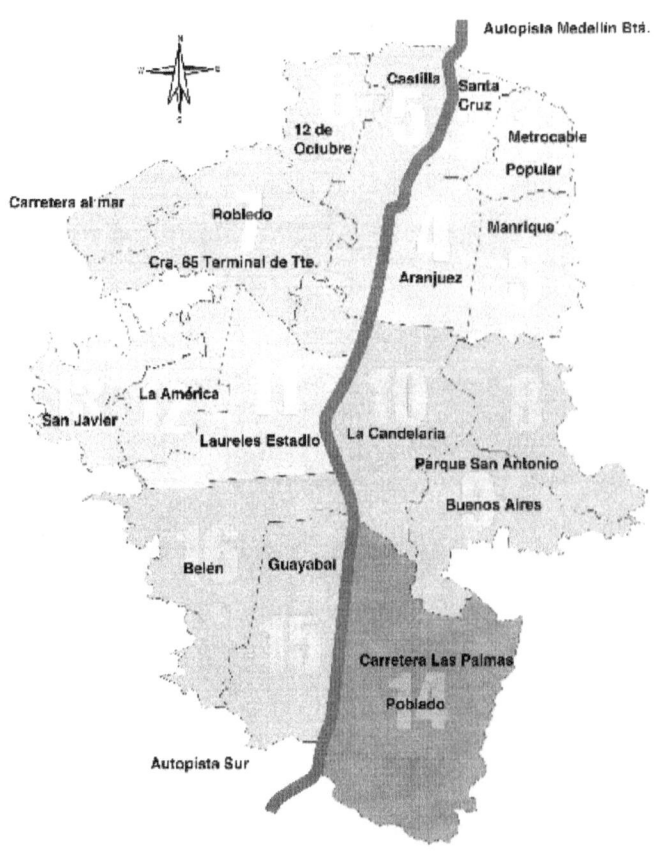

Comunas de Medellín – Zona La Sierra

Comuna 2 Zona La Francia

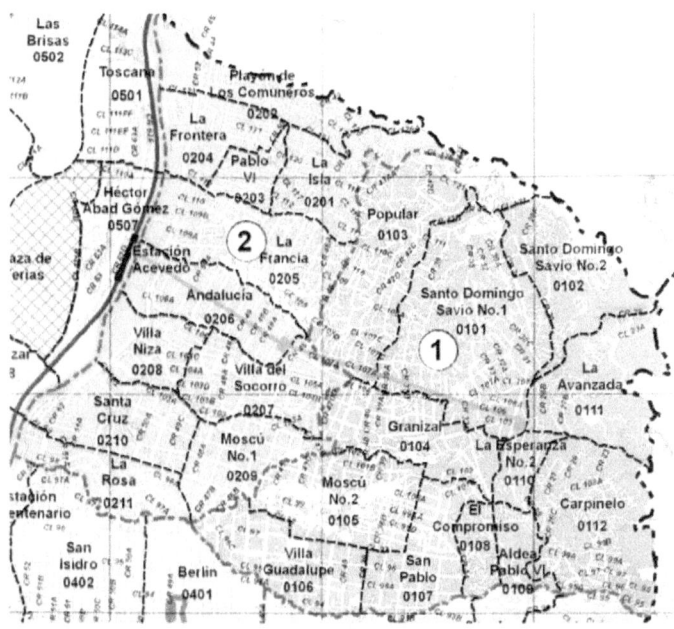

Apéndice C

Fotografías de las comunas de Medellín

Comunas de Medellín

Comunas de Medellin

Comunas de Medellín

Comunas en Medellín, Colombia

Medellín, Colombia

Comunas de Medellin

Miembros del Ejército de Colombia patrullan luego de los desórdenes provocados en la zona, en medio de la guerra de pandillas en la comuna 13 de Medellín, (Colombia). EFE/FEDERICO RÍOS

Comunas de Medellín

Pandilleros celebran al ocupar un territorio enemigo, en medio de la guerra de pandillas en la comuna 13 de Medellín, (Colombia). La guerra entre pandillas que se disputan el territorio y operan bajo el mando de narcotraficantes y paramilitares se ha desbordado en la ciudad colombiana de Medellín, donde desde enero se contabilizan más de 1.250 homicidios, lo que ha puesto en alerta a todo el país. EFE/FEDERICO RÍOS

Comunas de Medellín

Un padre vela a su hijo muerto, en medio de la guerra de pandillas en la comuna 13 de Medellín, (Colombia).
EFE/FEDERICO RÍOS

Comunas de Medellin

Un integrante de una pandilla hace disparos al aire por la muerte de uno de sus intregrantes, en medio de la guerra de pandillas en la comuna 13 de Medellín, (Colombia). EFE/FEDERICO RÍOS

Comunas de Medellin

www.elcolombiano.com

Comunas de Medellin

Apéndice D

Diccionario de algunas palabras del "Parlache"

Diccionario de algunas palabras del "Parlache"

GORILA: Guarda espaldas de mafiosos o ricos
PERRO: Cualquier persona que se odia
MUÑECO: Persona asesinada con violencia
PICAO: Engreído y pretencioso
POLOCHO,TOMBO: Policía
SOCIO: ÑERO, PARCE: amigo
POLLA, POLLO: Novia o novio
PEYE: Cosa de mal gusto
GENIA: profesora
CHIRRETE: Estar mal vestido
BACINILLA: Moto de mala muerte
ASAO: Se le dice al que se enoja por nada
JALAR PIÑA: Besarse
FILO: Tener hambre
ÁCIDO: Persona malgeniada
ENTRAR AL BAILE: robar, cruce raro
CHUZO: Tienda pobre y pequeña
GANADO: Primíparo que entra a la universidad
VALIJA: Persona mal vestida
ACHANTADO: Sin programa
BIZCOCHO: Mujer jóven y hermosa
GALLO: Trabajo bien difícil
AMURADO: consumidor de droga
ENCOLADO: Entrometerse en lo que no le importa
TORCIDO: Cambiar de opinión
JÍBARO: Expendedor de mariguana

CHICHIPATO: De poco valor

SISAS: Se acepta el trato

PELUDA: Cosa muy difícil de resolver

PAILAS: Estar de mala suerte

PANGUANA: Cosa u objeto de mala muerte

AJI: Artículo mal habido

BANDIDA: Mujer que sale con cualquiera

CACHO: Cigarrillo de mariguana

SARDINA: Niña joven y bonita

PERRATIAR: Dañar cualquier programa

TIRAR CHUZO: Hacer trampas en el juego de billar

LENTEJA: Actuar muy despacio

AGONÍA: Muy sicatera

PECUECA: Cosas sin valor

PATOTA: Reunión de muchachos

PIRRIELES: Tenis caros

GONORREA: No cae bien en el medio

CUCHO: El padre, el profesor, hombre mayor de edad

CEREBRO: El que sabe mucho

CHUPARSE: Irse, alejarse

CHIMBIAR: Molestar

BANDERIAR: Prestar vigilancia a algo

BACTERIOLOGO: Marica

FUFA, GRILLA: Prostituta

OFICINA: Lugar de encuentro

COCODRILO: Mujer fea

PINTUCO: Mujer muy pintada

FERRETERIA: frenillo en los dientes

PIRAÑA: Mujer que le saca plata

TRAMPA: Mujer con muchos hombres

OFICINA: Lugares de reunión

Otros ejemplos que hacen el parlache de los paisas:

El paisa, no se emborracha............ tomo guaro ....se prende y se vuelve loco

No tiene amigos............................ tiene parceros, tiene yaverías

No se burla.................................. la monta.

No se enamora...............................se traga como media de montañero.

No conversa................................. habla mierda hasta por los codos

No hace el amor............................ picha ___tira o culea

No molesta.................................. es cansón.

No baila...............................tira paso, rumbea y azota baldosa

No va a una fiesta........................ va a una rumba a tirar paso y gastar zapatos

No pide...se arrima y goterea

No se molesta............................... se siente asao y se emputa

No te insulta............... te madrea y te ofrece bala por taquilla

No te golpea .... te levanta a punta de peinilla

No fracasa.................. la embarra por güevón

No sale corriendo ..... sale en pura hijueputa

No se trepa................... se monta.

No es difícil.................. se le pone tenaz.

No es molestoso.......... es inmamable.

No es un tipo alegre..... es la cagada.

No conquista................. hace levantes.

No es un tipo bueno....... es un bacán.

No es creído...................... se cree una chimba.

No hace negocios raros...... es truculento y torcido

No come bananas........... come bananos.

No come dulces pequeños ....come tortas la negra.

No dice ponga cuidado...........dice pilas papá.

No dice baterías .... dice pilas.

No es inteligente............es avión.....que vuela con los motores apagados

No solo dice hola........ también dice: entonces que....bien o que..... como vas..., bien y qué?

No dice eso tan feo....... dice: esa mierda tiene huevo o que boleta

No dice vamos en compañía...Dice vamos miti y miti

No juega billar....echa un chico a 100 carambolas

Si no sabe jugar billar.... es un chambón

No se marea.......Le da la pálida

No va a la casa....Va al rancho

No tiene cama.....Tiene cambuche

No aceptó el negocio....Sacó el culo. Es un mamón

Lo cogió la energía....Lo patió la luz

No dice. ¡Que mujer tan linda!....Si no que ¡chimba de vieja!

No dice la plata para la esposa....Dice la plata pa'la tatacoa

No trabaja.....Camella como un mula

Dice plata en mano.....Y culo en tierra

No cobra deudas.....Dice que se vea la cara del finado

No dice, me engañaron....Dice me tumbarón, me dieron en la torre

No dice conseguir plata......Si no lentar biyuyo

No pasean.....Dan un vueltón

No se despierta....Se desarruga

No es infiel....Se echa una canita al aire

No pide ayuda.....pide un empujoncito

No es lustrabotas.....Es un artista del calzado

No bebe aguardiente....Chupa guaro

No mira.....Visajea

No roba.....Coge prestado

No es rico.....Tiene plata como arroz

No está pobre......Lo que está es líchigo o corta de efectivo

No vive en Medellín......Vive en Medallo

No atraca......Raquetea

Las mujeres paisas no son bonitas....Son unos tarraos.

DIBUJOS DE FRANCISCO ALEJANDRO VIVES

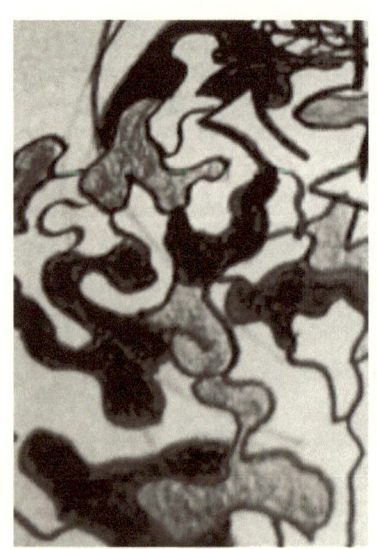

Bibliografía

Álvarez Gardeazábal, Gustavo. *Cóndores no entierran todos los días*. Barcelona: Ediciones Destino Colección Áncora y Delfín, Volumen 397, 1972. Print. "Analfabetismo en Colombia". *Romarta.* Marzo 23, 2009. Mayo 13, 2011. <http://romarta.obolog.com/analfabetismo-colombia-223381>

Amnistía Internacional. "Los paramilitares en Medellín: ¿desmovilización o legalización?" Septiembre de 2005. Febrero16, 2011 <http://aprendeenlinea.udea.edu.co/lms/moodle/file.php/171/AMR2301905_paramilitares_en_Medellin.pdf>

"Aumenta la producción de coca en Colombia". *FP en español.* Mayo 12, 2011. <http://www.fp-es.org/aumenta-la-produccion-de-coca-en-colombia>

Caro, Gabriel Jaime. "El drama de 'Rosario Tijeras'". *Noticias Literarias.com.* Agosto 16, 2005. Febrero 22, 2011. <http://www.noticiasliterarias.com/cultura/cine/Cultura_cine%2012.htm>

Carteles de droga". *Buenas Tareas.* Mayo 2, 2011. <www.buenastares.com/ensayos/Carteles-De-Droga/58935.html>

Castro, Francisco. "Occidente de Boyacá, zona esmeraldífera de

Colombia; problemáticas sociales después del proceso de pacificación (1991), en contraste con la actual política de erradicación de cultivos ilícitos". *Problemáticas Sociales.* Noviembre 22, 2004. Enero 25, 2011. <http://papachito01.blogspot.com> Castillo, Carolina. "Colombia: violencia y narración". *Especulo.* Universidad Complutense de Madrid. 2004. Mayo 26, 2010. <http://www.ucm. es./info/especulo/numero27/colombia.html>

Dávalos, Patricia E. "Rosario Tijeras se adelanta al filme La reina del sur". Octubre 12, 2005. Febrero 22, 2011. <http://www.cronica. com.mx/nota.php?idc=206799>

Duque López, Alberto. "La mala hora de García Márquez con el cine". Marzo 20, 2011. <http://sites.google.com/site/revistanuevo-mundo/colera>

Franco, Jorge. *Rosario Tijeras.* New York: Editorial Siete Cuentos, 1999. "Frente Nacional (Colombia)". *Wikipedia, la enciclopedia libre.* Enero 27, 2005. Febrero 22, 2011. <http://es. wikipedia.org/wiki/Frente_Nacional_(Colombia)> García Márquez, Gabriel. *El coronel no tiene quien le escriba.* Bogotá: Ediciones Orbis, S.A., 1983.---. Print.

La mala hora. Barcelona: Random House Mondadori, S.A., 2009. Print

Giraldo Herrera, John Harold. "Tendencias y cifras del cine colombiano". *Letralia.* Junio 21, 2010. Enero 22, 2011. < http://www.

letralia.com/234/articulo04.htm>

González, Juan Carlos. "La ciudad de los dolores". *El Colombiano*. Febrero 22, 2011. <http://www.elcolombiano.com/proyectos/virgen-delossicarios/ciudaddolores.htm>

"Informe sobre estrategia internacional antidroga". *Offnews.info*. Marzo 5, 2005. Mayo 4, 2011. <http/www.offnews.info/verarticulo.php?contenido ID=671> Kantaris, Geoffrey. "El cine urbano y la tercera Violencia colombiana". *Luis Ospina, centro de documentación digital*. Enero 23, 2011. <http://www.luisospina.com/Sobre-suobra/resen%cc%83as/El%20cine%20y%201a%20tercera%20 violencia%20colombiana.pdf>

La guarida del big foot. "Rosario Tijeras". Septiembre 26, 2007. Febrero 22, 2011. <http://es.movies.yahoo.com/r/rosario-tijeras/cri-tica-620261.html>

"La juventud colombiana en el naciente milenio". *OPS/OMS Colombia*. Mayo 13, 2011. <http://www.col.ops-oms.org/juventudes/ Situacion/EDUCACION.HTML>

La mala hora. Director: Ruy Guerra. Actores: Leonardo Medeiros, Fábio Sabag, Luah Galvao, Danielle Barros. Comcast. 2004. Filme.

La Sierra. Directores: Productores: Scott Dalton y Margarita Martínez. Personajes reales: Edison, Cielo, Jesús, Jazmín y Yurami. A First
Run/Icarus Film Release. 2004.

Filme *La virgen de los sicarios* [*Our Lady of the Assassins*]. Dir.
Barber Schroeder. Actores: Germán Jaramillo, Anderson Balleste-
ros, Juan D. Restrepo y Manuel Busquets. Paramaunt Pictures, 2001.
Filme Lere, Diego. "El regreso del realismo mágico". Febrero 2,
2006. Enero 10, 2011. <http://edant.clarin.com/diario/2006/02/02/
espectaculos/c-01102.htm>

Martínez-Salanova Sánchez, Enrique. "Literatura y cine, cine y literatura. ¿Libro o película?" *Cine y literatura.* Universidad de Huelva.
Marzo 5 del 2011. <http://www.uhu.es/cine.educacion/cineyeduca-
cion/literatura.htm>

"Más de 50 años en Colombia". *Unicef Colombia.* Febrero 22, 2011.
< http://www.unicef.org/colombia/03-uniencol.htm>
Osorio, Óscar. "Albalucía Ángel y la novela de la violencia en Colombia". Septiembre 8, 2005. Diciembre 12, 2010. <http://poligra-
mas.univalle.edu.co/24b/albalucia.pdf>

"Papa justifica el uso del condón". *Wapa TV.* Noviembre 20 de 2010.
Marzo 5 de 2011. <http://www.wapa.tv/noticias/politica/papa%20jus-
tifica%20el%20uso%20del%20cond%C3%B3n/20101120160655>

Pérez Arroyave, Clara Lucía. "Caracterización de los jóvenes de Medellín". Septiembre 1997. Enero 25, 2011. <http://www.oitcinterfor.org/public/spanish/region/ampro/cinterfor/temas/youth/doc/not/libro217/libro217.pdf>

Pérez Sánchez, Juan Manuel. "Generación de nuevos significados, mediante la metonimia, en el parlache". *Ikala*, Revista de Lenguaje y Cultura, Vol. 14, No 21, Enero-Abril de 2009. Marzo 10, 2011. <http://quimbaya.udea.edu.co/ikala/images/PDFs/vol_14_n_21_articulo_1.pdf> Restrepo, Laura. "La cultura de la muerte". *Semana*. Marzo 26, 1990. Febrero 22, 2011.<http://www.semana.com/nacion/cultura-muerte/27748-3.aspx>

Rocco, Alessandro. "El cine de Gabriel García Márquez". *Hispanet Journal*. 3 December 2010. Febrero 12, 2011. <http://www.hispanetjournal.com/ElCinedeGGM.pdf> *Rosario Tijeras*. Director: Emilio Maillé. Actores: Flora Martínez, Unax Ugalde, Manolo Cardona. DistriMax Inc. 2008. Filme.

Sepúlveda, Carlos. *Portafolio.co*. Febrero 25, 2010. Mayo 13, 2011. <http://www.portafolio.co/archivo/documento/CMS-7301260>

"Una herencia que incluye desde elefantes hasta autos antiguos". *Clarin.com*. Noviembre 18, 1999. Mayo 2, 2011. <http://edant.clarin.com/diario/1999/11/18/e04201d.htm>

Uribe Blanco, Mauricio. "Concordato y jurisprudencia constitucional en Colombia". *Civilizar*. Junio 2005. Mayo 1, 2011. <http://www.usergioarboleda.edu.co/civilizar/revista8/concordato_jurisprudencia.pdf>

Valdez, Elena. "La representación multifacética de Medellín en *La virgen de los sicarios* de Fernando Vallejo: el espacio urbano desde el centro hacia la periferia". Marzo 1, 2011. <http://letrashispanas.unlv.edu/vol5iss1/Valdez.htm>

Vallejo, Fernando. *La virgen de los sicarios*. Colombia: Alfaguara, 2003. Print Villamarín Pulido, Luis Alberto. *En el infierno*. Bogotá: Ediciones Luis Alberto Villamarín Pulido, 2003. Print---. *El cartel de las farc*. 2ª Ed. Bogotá: Ediciones El Faraón, 1996. Print Yahoo! Cine España. "Rosario Tijeras critica". 2006. Febrero 22, 2011. <http://es.movies.yahoo.com/r/rosario-tijeras/critica-620261.html>

Colofón

Esta edicion de *La violencia en la literatura
y en el cine colombianos,* de Gisela Vives, se terminó
de imprimir en febrero de 2016 en los Estados Unidos
de América.

Obsidiana Press
*10 Delaware Avenue,
Charleston, WV 25302*

Tel.: 917-853-5095

www.obsidianapress.com

Correos electrónicos:

*editor@obsidianapress.com
obsidianapress@aol.com*